LE LIVRET DU DOCTEUR

CHAUMONT. — IMPRIMERIE C. CAVANIOL.

LE LIVRET DU DOCTEUR

SOUVENIRS DE LA CAMPAGNE

CONTRE L'ALLEMAGNE ET CONTRE LA COMMUNE DE PARIS

1870-1871

PAR

LE Dr A. FLAMARION

Chevalier de la Légion d'honneur, Médecin à Nogent-le-Roi
(Haute-Marne)

PARIS

LIBRAIRIE DE A. LE CHEVALIER, ÉDITEUR

61, RUE RICHELIEU, 61

1872

PRÉFACE

Malgré le titre de cet opuscule, il ne faut pas y chercher un travail fait au point de vue médical, mais seulement le récit des événements malheureux qui se sont déroulés sous mes yeux.

Les notes qui en sont l'objet n'étaient pas destinées à la publicité. Elles ont été recueillies au jour le jour pour être lues au foyer, après le retour; elles sont donc tout intimes.

On y trouvera des détails qui paraîtront fastidieux aux personnes indifférentes. Le *moi* s'y rencontre continuellement, et rien n'est ennuyeux comme le *moi*.

Mais il y a deux manières d'écrire les événements. Il y a d'abord l'histoire didactique, recueillant tous les éléments partout où elle les trouve, les compulsant, les mettant en ordre, et de l'ensemble de ces documents, bâtissant un édifice plus ou moins parfait. Il y a aussi l'histoire anecdotique, autrement dit les mémoires entassant détails sur détails sans toujours les relier ensemble : ce sont les matériaux non coordonnés dans lesquels l'historien vient choisir.

Je n'ai certes pas la prétention de croire que ces quelques notes seront un jour fouillées par des plumes écrivant l'histoire des événements dont je raconte ce que j'ai vu. Je le répète, ce sont des lignes tout intimes et seulement destinées aux personnes qui me connaissent.

Heureux si j'ai pu les intéresser un peu par la lecture du *Livret du Docteur !* Voilà toute mon ambition.

Dr FLAMARION.

Nogent-le-Roi, le 18 septembre 1872.

LIVRE PREMIER

ARMÉE DE LA MEUSE

ARMÉE DE LA MEUSE

Au mois de juillet 1870, les événements se succédèrent avec une telle rapidité, que bien des personnes se trouvèrent surprises brusquement au milieu de leurs projets par la déclaration de la guerre.

On vit des hommes recevoir leurs feuilles de route en sortant du cimetière, où ils venaient de conduire le cadavre de leurs épouses, d'autres en sortant de la mairie, où ils venaient de se marier.

Pour en être moins brutal, ce qui m'arriva n'en fut pas moins dur. Devant me marier le 18 juillet, je reçus l'ordre de partir le 16 comme soldat faisant partie de la réserve, et de rejoindre le 33e de ligne à Arras : ce que je fis immédiatement.

Aussitôt arrivé au dépôt, c'est-à-dire le 18 juillet je fis une demande au ministre de la guerre pour reprendre mon ancien grade d'aide-major ; car j'avais démissionné six mois auparavant pour m'établir comme médecin civil à Nogent-le-Roi (Haute-Marne.)

N'ayant pas encore de réponse après les tristes événements de Freschwiller et de Forbach, je renouvelai ma demande, qui fut encore sans réponse jusqu'au 18 août.

Dans un voyage que je fis ce jour à Lille, je priai le médecin en chef de l'hôpital de cette ville, auquel j'avais été attaché autrefois comme aide-major, de vouloir bien me demander au général de division comme aide-major auxiliaire, ce qui me fut accordé immédiatement.

Le 20, je partais pour Lille : le 21, le ministère répondait à ma deuxième demande en me nommant aide-major au titre auxiliaire, et enfin le 23, je recevais une nouvelle réponse à ma première demande du 18 juillet, me désignant comme aide-major attaché aux bataillons actifs du 33e de ligne. Cette nomination était encore signée du général Dejean et avait mis un mois à me parvenir. C'est une des nombreuses preuves du désarroi qui existait dans les bureaux de la guerre.

Il me fallait donc rejoindre les trois bataillons du 33e, faisant partie de l'armée du Rhin, alors que les dépêches officielles annonçaient que les communications avec cette armée étaient complètement coupées.

Je partais cependant de Lille le 23 août à 10 heures du soir, me dirigeant sur Paris pour de là gagner Châlons.

A Paris, le 24 au matin, j'apprends que le camp de Châlons est levé.

Je pars alors pour Reims, d'où l'intendant m'envoie à Rethel.

Je n'ai que le temps de prendre ma direction, de faire charger mes bagages et de sauter en wagon sans payer. J'arrive à 3 heures à Rethel. Au quartier général de Mac-Mahon, on m'apprend ce dont je me doutais bien, que je ne puis rejoindre l'armée du Rhin, et on m'attache au 12e corps, commandé par le général Lebrun. Du quartier du général Lebrun je suis envoyé au général qui commande la 2e division.

Il est cinq heures du soir, et je n'ai encore pris qu'une tasse de chocolat à 6 heures du matin à Paris. Enfin, à 6 heures et demie, je parviens à me faire servir au *Cochon de Saint-Antoine.*

Après mon dîner, je vais au camp pour tâcher

de trouver le général de division ; je le sillonne dans tous les sens et je trouve enfin le général en train de souper dans une grande ferme d'un village voisin : on me renvoie au lendemain à huit heures du matin.

Je retourne à Rethel, où je cherche M. Langin, percepteur, chez lequel je dois être logé par billet de logement avec M. Lepelletier, médecin-major du 91e que j'ai connu quelques jours auparavant à Lille.

Jeudi 25 *août.* — J'arrive à huit heures précises du matin chez le général commandant la deuxième division. Là on m'attache comme aide-major au 4e bataillon du 33e de ligne, formant avec deux autres bataillons le 2e régiment de marche. Je le cherche partout le camp, revenant plusieurs fois sur mes pas, et renvoyé comme une balle d'une extrémité à l'autre par de fausses indications.

Enfin, à l'extrême gauche, je tombe sur mon bataillon où je suis heureux de retrouver les officiers du 33e qui m'avaient reçu en camarade à Arras.

Je déjeune avec MM. Heck et Delteil, qui m'offrent gracieusement de partager désormais leur popote, ce que j'accepte avec plaisir, car je suis parti si précipitamment que je n'ai fait aucune emplette. Le soir, je cours tous les états-majors pour trouver un cheval, pas moyen.

Je rentre le soir à huit heures et demie au camp, après avoir attendu inutilement à Rethel une voiture commandée au camp par M. Lepelletier pour amener nos bagages. Cette voiture n'a pas pu pénétrer à cause du passage du 5e corps à travers la ville.

Vendredi 26 *août*. — La diane nous réveille à quatre heures du matin. Je viens donc de passer ma première nuit sous la tente de MM. Heck et Delteil. Nous avions nos peaux de mouton et des couvertures de soldat sur nous ; j'étais de plus roulé dans mon manteau. J'ai pas mal dormi pendant la première partie de la nuit ; la seconde a été plus agitée ; je sentais l'humidité de la nuit et la dureté du sol. Mais il paraît que je m'y ferai vite, si j'en juge toutefois par les ronflements de mes deux compagnons.

On met sac au dos à six heures, et à sept heures on part à la destination de *Tourteron*. Nous traversons Rethel à huit heures. Dans une halte faite au deuxième village après Rethel, un orage épouvantable éclate sur notre dos, au moment où nous mangeons un peu de viande froide au milieu des champs.

Le soleil qui se montre après l'orage, a bien vite séché nos habits.

Après une marche de trente kilomètres, nous arrivons sur un plateau entouré de bois et dominant Tourteron.

Le campement est fort joli ; des arbres fruitiers alignés couvrent tout le terrain. Les branches mortes nous donnent d'excellent feu.

Les bagages n'étant pas arrivés, nous n'avons pas de fournitures de bouche et nous sommes obligés de manger à la popote des soldats : une soupe aux choux et aux pommes de terre avec un peu de lard. Nous trouvons cela excellent ; décidément l'appétit est le meilleur de tous les condiments.

Une course à Tourteron me fait voir un chef-lieu de canton assez fort, mais sans commerce, du reste tout est dévalisé. On y rencontre force beaux uniformes, laquais couverts d'or, pages aux brillantes couleurs, cent-gardes ressemblant à d'éblouissants capitaines. Quelques soldats s'y laissent prendre et les saluent respectueusement ; les cent-gardes répondent gravement à ce salut.

Tous ces uniformes de gala sont vus d'un fort mauvais œil, parce qu'ils sont inutiles et encombrants. L'empereur est là !

Le soir, nos bagages n'arrivent pas et nous couchons sous la tente des sergents, sur un peu de paille. Le commandant du bataillon en fait autant que nous. De une heure à quatre heures du matin, je grelotte sur ma paille dans un demi-sommeil; je me lève alors et vais me chauffer à un bon feu.

Samedi 27 *août*.— Un peu de café noir à l'intérieur et de l'eau sur la figure, et me voilà dispos. Nous recevons l'ordre de prendre des vivres pour deux jours, mais nos bagages ne sont pas là. Nous ne les aurons pas de trois jours, et pas un brin de tabac à fumer. C'est ma plus grande privation, et j'en suis d'autant plus fâché que j'ai trois cents cigarettes toutes faites dans ma cantine.

La veille, à Tourteron, j'ai été chez le général de division. Il dormait et n'avait pas de cheval à me donner.

Nous partons à huit heures du matin. Le pays que nous traversons est très-pittoresque. C'est une succession de collines boisées et de vallées verdoyantes.

Nous arrivons au *Chêne-Populeux* vers trois heures de l'après-midi, nous le traversons et allons camper à un kilomètre plus loin. Là nous trouvons de la paille et du feu ; je me sèche, car une pluie battante nous a accompagnés pendant une grande partie de l'étape. Puis je vais à la ville.

C'est un bourg important paraissant assez commerçant, mais déjà dévalisé. Toujours pas de tabac : pour tout aliment, du lard.

Là je vois l'Empereur, traversant les rues lentement à pied, entouré de trois généraux et accompagné d'une huitaine de soldats, armés de grandes perches, pour lui servir de garde.

Ce sont des licteurs d'une nouvelle espèce. Quelques cris de : vive l'Empereur ! sont poussés faiblement ; mais le sentiment général est de la curiosité et de la froideur.

J'achète une paire de chaussettes en laine, une paire de pantoufles fourrées, un gilet de laine, une ceinture de laine et un bonnet de coton de couleur bleue ! Je rapporte triomphalement le tout, et le soir je m'en pare voluptueusement des pieds à la tête, ce qui fait que je passe une excellente nuit.

Dimanche 28 août. — Lever à quatre heures du matin, départ à sept heures et demie. La veille, on nous avait fait espérer une affaire pour ce matin. On avait fait une distribution de vin et d'eau-de-vie, mais une forte reconnaissance faite la nuit n'avait rien fait découvrir de sérieux. Quelques éclaireurs seulement s'étaient montrés dans le pays.

La pluie nous prend immédiatement à notre sortie du bivouac pour ne pas nous quitter pendant tout le trajet jusqu'à la Besace. Pendant ce temps, on ne fait qu'une légère halte. Aussi, la route est jonchée de traînards qui se prétendent plus ou moins malades. Je m'arrête à chaque instant pour les soigner; mais hélas! je n'ai que des paroles de consolation à leur offrir.

La Besace est un petit village situé derrière une commune dont nous occupons le sommet. Aussitôt arrivé, je vais au village, aux provisions. C'est une vraie dévastation. Les soldats pillent la paille, le bois, les volailles. Je puis acheter du bois à un pauvre bon vieillard à qui l'on vient enlever les fagots l'un après l'autre gratis. C'est toujours cela de sauvé pour lui.

Je crois devoir donner ici la description de notre personnel. Le brosseur de M. Heck est un breton, petit, trapu et fort. Son intelligence n'est pas très étendue, mais il est bon fourrageur. Il rit continuellement, même et surtout au milieu des événements les plus désagréables. C'est ce qui fait le désespoir de l'ordonnance de M. Delteil. Celui-ci est un alsacien : il est également très-ingénieux et très-serviable ; mais de temps en temps, il s'emporte et jure en Allemand. Ce qui fait rire de plus en plus Kagueneck, le breton. Alors, Freys l'alsacien lui défend de *ricôler*, c'est ainsi qu'il appelle l'expansion de joie du breton. En somme, ce sont deux excellents garçons, s'accordant très-bien, quoiqu'ils se chamaillent à chaque instant. Ces légères altercations sont certainement une de nos plus grandes distractions, car celles-ci ne sont pas nombreuses.

Quant à mon ordonnance, un homme marié, il a trouvé moyen de suivre mes bagages qui n'arrivent pas et je suis parfaitement privé de ses soins.

Nous nous installons sous une tente, faite de six toiles de soldats, sur une bonne litière de paille. Nous mangeons une poule au riz pas trop mauvaise, prenons notre café et fumons une cigarette faite avec du gros tabac. Le plaisir de la savourer et la crainte de la voir s'user trop vite font qu'elle s'éteint trois ou quatre fois pendant sa durée. Nous nous couchons et nous trouvons, ma foi, notre lit très bon.

Lundi 29 *août.* — Lever à cinq heures du matin. J'ai passé une excellente nuit, ce qui, joint à un temps qui s'annonce superbe pour la journée, me rend de très-bonne humeur. Pour y mettre le comble, on nous apprend que nos bagages sont au bas de la côte. J'y cours. Je retrouve mes bonnes bottes à l'écuyère et mes cigarettes.

Notre brigade doit quitter le 12e corps, pour rejoindre le 1er, commandé par le général Ducrot. Nous ne partons qu'à onze heures du matin, après avoir laissé défiler tout notre ancien corps. Puis, nous nous mettons en marche. Mais à peine avons-nous quitté la route de Stenay pour nous diriger sur Raucourt, que nous sommes encombrés par les équipages de l'empereur ; il s'y trouve lui-même dans une voiture hermétiquement close de toutes parts. Nous attendons au moins une demi-heure pour le laisser passer, puis, quand il s'est engagé dans notre colonne, il s'arrête, et nous voilà obligés de passer un par un de chaque côté de ce train luxueux. Aussi, il faut entendre les plaintes des soldats et même des officiers. Ne nous avait-on pas dit dans les journaux qu'il avait été réduit au strict nécessaire : alors que devait-il être au complet !

Le temps est magnifique et le passage pittoresque, de sorte que notre étape qui est peu longue nous semble fort agréable. Nous allons seulement jusqu'à Raucourt et nous campons en avant du village sur le flanc d'une haute colline ressemblant à un pain de sucre adossé à une série d'autres montagnes. Comme nous sommes campés contre la route, nous voyons défiler devant nous les anciennes troupes qui ont fait la campagne de l'Alsace. Quelle différence avec le 12e corps, formé et sorti tout neuf du camp de Châlons. Les uniformes des officiers présentent le négligé, le poudreux et la variété qu'y ont amenés nécessairement les défaites et la fameuse retraite de Mac-Mahon. Les barbes sont incultes, les figures amaigries et hâlées.

Je vais avec M. Delteil à Raucourt pour fourrager. Nous appelons ainsi chercher notre vie dans les coins et recoins des villages. On comprend qu'au milieu de l'envahissement des villages par une armée comme la nôtre, toutes les ressources sont bientôt épuisées ; aussi, faut-il déployer toutes ses facultés pour pouvoir trouver les bons coins où il reste encore quelque chose.

Nous trouvons à Raucourt de la paille pour nous coucher, du vin, du chocolat, de la bière, mais pas de pain.

J'y vois encore l'empereur, debout sur le seuil d'une maison d'assez belle apparence. Il est debout, immobile, et flanqué de deux généraux. Il est encore entouré de la garde qui l'accompagnait au Chêne.

Populeux, c'est à-dire de quelques soldats armés de grandes perches pour faire circuler les curieux, car ceux-ci sont nombreux. Les soldats mêmes ne se gênent pas pour contempler cette épave sans lui témoigner ni respect ni admiration. J'en fais autant et je vois un homme à figure bien remplie, mais pâle et bouffie ; il est couvert d'un képi qui a l'air d'avoir fait bien des campagnes tellement il est détérioré ; pour supporter son épée, un ceinturon lâche et usé descend au bas de son abdomen qui semble ballant. Les yeux sont ternes, les traits de la figure ne disent rien, les deux mains sont croisées derrière le dos, un léger oscillement de la tête semblable à celui des vieillards ; et voilà tout ce qui dénote que c'est un être vivant. Ce spectacle ne fait pas seulement pitié, il fait peur quand on pense qu'il y a là-dedans un homme qui nous a conduits où nous sommes et qui ne s'est pas complètement désintéressé dans la direction des mouvements de l'armée; car nous savons tous très-bien que notre marche vers Metz a été presque imposée à Mac-Mahon.

Quand nous revenons au bivouac, notre tente est dressée par M. Heck, et nous faisons un véritable festin de Balthazar : poule au pot, canard, fromage, café, pousse-café et tabac à discrétion.

Dans une causerie expansive qui suit notre souper, Delteil nous exprime ses mauvais pressentiments. Il pense à sa mère qui est veuve et qui n'a que lui pour enfant. Nous tâchons de lui enlever ces idées noires, sans pouvoir y parvenir. Quant à M. Heck, qui s'est marié quelques mois auparavant, il pense à sa jeune femme, qui, dit-il, ne lui survivrait pas s'il venait à mourir[1].

Mardi 30 *août*. — Levés à six heures du matin, nous faisons tranquillement notre toilette. Qu'on est heureux de se débarbouiller ! Vive l'eau fraîche pour se mettre de bonne humeur.

Nous faisons encore un excellent petit déjeuner avec les reliefs du dîner de la veille et nous remettons nos bagages aux fourgons. Nous ne devions plus les revoir ! mais nous conservons le plus de vivres transportables que nous pouvons. J'ai naturellement bien soin de prendre mes cigarettes.

Nous ne partons qu'à deux heures de l'après-midi, nous dirigeant vers la Meuse que nous traversons

---

[1] Ces tristes pressentiments ne se réalisèrent que trop. Delteil fut tué raide trois jours plus tard à Sedan d'une balle en pleine poitrine et Heck mourut quelques jours après des suites de l'amputation du bras nécessité par une blessure grave du coude.

à Remilly sur un pont de bateaux. Nous stationnons sur la rive droite, dans une vaste prairie. Puis nous recommençons à marcher. Nous entendons sur notre droite une canonnade d'abord peu fournie, mais qui devient très-vive vers cinq heures du soir. Sur le chemin que nous suivons depuis Douzy à Carignan, les bruits les plus contradictoires circulent sur le sort du combat. A chaque kilomètre les nouvelles changent : nous sommes surpris et battus, puis un peu plus loin nous sommes victorieux. En somme, on ne sait à quoi s'en tenir. La canonnade finit vers sept heures du soir. A ce moment nous traversons Carignan. La nuit commence à tomber ; nous nous engageons derrière la ville et nous campons, après de longs tâtonnements, au bord d'un bois.

En face de nous, une rangée de collines se couvre de feux de bivouac. Un village brûle de ce côté dans la direction de Mouzon. C'est là qu'on s'est battu.

Comme il est tard, nous mangeons de la viande réchauffée; nous nous couchons sur terre à trois sous une tente faite avec quatre toiles de soldat.

Mercredi 31 *août*. — Réveil à quatre heures. J'ai passé une fort mauvaise nuit. Nous étions très-serrés sous notre petite tente et nous avions été obligés de nous mettre en chien de fusil. Comme je suis grand, m'étant détendu de cette position, je me suis réveillé au milieu de la nuit, la tête se faufilant sous la toile humide hors de la tente et les jambes complètement en dehors, et cela pendant une nuit brumeuse et froide.

Après le réveil, prise d'armes presque immédiatement : à peine avons-nous le temps de casser une croûte.

On nous place sur le versant d'une colline au bas de laquelle nous avons passé la nuit, et on fait charger les armes. Le silence s'établit dans les rangs à ce commandement : c'est l'émotion d'une première journée de bataille présumée ; car notre bataillon est en grande partie composé de conscrits.

Nous attendons pendant deux heures. Pendant ce temps-là, j'apprends d'un officier d'état-major que le corps du général de Failly s'est laissé surprendre de la manière la plus absurde la veille à Mouzon, au moment où les officiers étaient en grande partie en ville, et les soldats en train de faire la soupe. Quant au général Failly, il était introuvable d'abord, puis il ne voulait pas croire à une attaque sérieuse.

Après avoir attendu inutilement pendant deux heures, on nous fait prendre à travers champs derrière Carignan pour joindre une route qui conduit à Sedan.

J'en conclus que nous battons en retraite. Ainsi, nous étions à une petite étape de Montmédy que nous aurions pu gagner aujourd'hui et peut-être de là faire notre jonction avec Bazaine, et la faute incompréhensible de Failly nous forçait à la retraite[1].

Pendant la route, nous entendons une assez vive canonnade du côté de Remilly où nous avons passé la Meuse la veille. C'est le corps de Douai qui est aux prises avec les Prussiens. Ceux-ci veulent traverser la Meuse à cet endroit.

Aussitôt que l'on entend le canon, la première idée est de savoir si l'on va aller dans cette direction. Tout le monde semble le désirer. On nous fait bientôt quitter la route et occuper une hauteur boisée qui doit dominer la vallée de la Meuse. Allons-nous être engagés, nous commençons à le croire. On fait monter quelques mitrailleuses, puis

---

[1] On sait maintenant combien peu Bazaine a fait pour aider à cette jonction, qui probablement n'aurait pas réussi, grâce à la mauvaise volonté du chef de l'armée du Rhin, même si de Failly, ne s'était pas laissé surprendre.

nous attendons longtemps sans rien apprendre de neuf. Il fait très-beau ; j'en profite pour m'étendre à l'ombre sur l'herbe et faire un somme.

Il paraît que, pendant ce temps, un détachement de hulans avait surpris nos bagages, coupé les traits des chevaux, lesquels s'étaient sauvés avec les conducteurs, et avait été obligé de se sauver sous la fusillade d'une compagnie d'hommes du génie en laissant une trentaine de morts ou blessés. Tel est le récit des hommes du génie ; mais je crois qu'ils exagèrent le nombre de leurs victimes ; car ils ne rapportent qu'une lance et un sabre de sous-officier. Le fait est que le train a été abandonné faute de chevaux pour le traîner. Il tomba bientôt complètement entre les mains des Allemands.

Après deux heures et demie de pose, nous reprenons notre route pour Sedan.

Nous traversons Givonne à la tombée de la nuit. Là nous apprenons que la tentative des Prussiens voulant passer la Meuse a été repoussée. Les mitrailleuses leur auraient beaucoup fait de mal et l'infanterie de marine du 12e corps se serait montrée inébranlable.

Nous allons nous placer au-dessus de Givonne où nous campons à tâtons, car la nuit est profonde. Nous mangeons un peu de rata et du lapin tellement réchauffé qu'il est complètement en marmelade; puis nous nous couchons sur la terre nue sous une tente de soldat.

Premier Septembre. — BATAILLE DE SEDAN. — Après une mauvaise nuit, nous sommes réveillés à quatre heures du matin par le canon. Une action qui s'engage d'aussi bonne heure doit être le commencement d'une grande bataille. Nous ne doutons pas de la victoire, aussi voyons-nous arriver ce jour décisif presque avec joie.

Nous prenons à la hâte un peu de café noir: puis le régiment se met en ordre. Pendant ce temps je me porte un peu en avant, et je me faufile à travers un régiment de cuirassiers pour mieux voir le tableau qui se déroule sous mes yeux. C'est une curiosité bien naturelle quand on n'a jamais assisté à une bataille.

C'est le matin d'une belle journée: le soleil se lève au-dessus des montagnes. Dans le fond d'une vallée que suit la Meuse, un épais brouillard empêche de rien distinguer. Sur les montagnes, en face et de l'autre côté, fumée des batteries prussiennes. Devant moi, un peu à gauche, à l'extrémité d'un promontoire qui domine Bazeilles, une batterie de mitrailleuses fait un tapage infernal. Quelques obus viennent éclater déjà dans notre voisinage, auprès des cuirassiers [1]. Je rejoins mon régiment et nous allons prendre position. On place les bataillons le long de la route qui conduit de Sedan à Givonne. Cette route côtoie le flanc d'une colline et surplombe un ravin assez profond. De l'autre côté, une autre colline entrecoupée de bois et qui est bientôt occupée par l'ennemi. Dans le fond de cette vallée coule un petit affluent de la Meuse et se trouvent les villages de la Petite-Moncelle, de Daigny, et tout à fait à notre gauche Givonne. En face de nous se trouve un amas de deux ou trois maisons qui ressemblent à une grande ferme ou à une usine. Elle est occupée par d'autres troupes.

On place des hommes en tirailleurs derrière le parapet de la route. Si les premières troupes ne tiennent pas, la mission de nos hommes est donc de les soutenir et d'empêcher l'ennemi de gravir de ce côté du ravin.

Nous nous plaçons, le médecin major du régiment et moi, avec nos porte-sacs, un peu en arrière du chemin.

---

[1] Ces pauvres cavaliers devaient être exposés une grande partie de la journée aux obus ennemis et décimés sans qu'on se décidât à s'en servir ou à les reporter en arrière.

L'organisation du service médical est vicieuse pour le médecin du régiment. Nous avons un porte-sac et dans ce sac, il est vrai, nous trouvons tous les objets de première nécessité. Mais les pansements qu'il contient ne dépassent pas une quarantaine. Si les blessés sont plus nombreux, et ce n'est pas long, le médecin se trouve au dépourvu et est obligé de se servir de tout ce qui lui tombe sous la main : mouchoirs, chemises, etc. Mais ce qui manque surtout, ce sont des brancards et des brancardiers. Il est certain que sous la pluie des balles et des boulets le médecin doit s'abriter, autant que cela lui est possible. Or comment peut-il transporter lui-même, sans autre aide que son porte-sac, les blessés sérieux ? Il faut donc qu'il se borne à faire les pansements des blessés qui peuvent aller ou se traîner jusqu'à lui, et laisser quelquefois les graves blessés sans pansement, quand celui-ci peut empêcher la mort ou les envoyer chercher par des soldats qui devraient combattre ; et l'on sait avec quelle grâce le commandement nous octroie ces aides : du reste l'on comprend fort bien qu'il cède difficilement les combattants surtout aux moments où l'action est vive et où le vide se fait déjà par la mort et les blessures. Tandis que si nous avions à notre disposition un brancard ou deux, avec quatre hommes par régiment, nous pourrions parfaitement suffire à la besogne.

Nous étions établis derrière un petit talus et nous attendions tranquillement que notre régiment fût engagé. Les balles commençaient déjà à siffler tout autour de nous.

Tout-à-coup, derrière nous, à vingt pas et un peu plus élevée que nous, se démasque une de nos batteries de mitrailleuses et de canons.

Les balles des mitrailleuses, rasant presque le sol, produisaient au-dessus de nos têtes un bruit strident fort désagréable. Mais ce qui le devint encore plus, c'est que cette batterie fut bientôt le point de mire des canons ennemis. Les obus éclatent tout autour de nous ; le cheval du médecin major casse sa bride et se sauve. Il arriva précisément ce dont je parlais tout à l'heure ; c'est que les blessés ne pouvaient nous être apportés, puisque nous étions nous-mêmes dans une position assez dangereuse et que nous n'eûmes à panser que les soldats qui purent venir jusqu'à nous. Le premier blessé que j'eus à soigner est un zouave qui avait le poignet fracassé et qui, après son pansement, voulait cependant retourner au feu.

Cette position dura environ deux heures. Mais bientôt la batterie qui est au-dessus de nous est réduite au silence. L'infanterie prussienne est maîtresse de la vallée et commence à gravir le ravin. Les troupes tiennent pendant un certain temps, jusqu'à onze heures et demie ou midi à peu près, puis se replient précipitamment.

Ce n'était pas encore la débâcle, mais elle devait bientôt arriver. Nous remontons sur le plateau. Celui-ci est sillonné dans tous les sens par les obus et par les balles. Nous cherchons une ambulance; mais nous n'en apercevons nulle part. Le champ de bataille est couvert de morts et de blessés : on en voit qui ont été couchés là par file d'un seul boulet. D'autres ont été coupés en deux, et la partie supérieure du corps a été projetée loin de la partie inférieure. Je suis arrêté par un blessé qui a reçu une balle dans le ventre et qui se tord au milieu des souffrances horribles de la péritonite. Il s'accroche à moi, me présente son chassepot tout armé et me supplie de l'achever. C'est à grand peine que je puis lui faire lâcher ma tunique, qu'il veut garder tant que je n'aurai pas mis à exécution son horrible proposition. Je lui fais avaler un gramme de laudanum et je m'arrache à son étreinte. Plus loin, je vois un jeune Saint-Cyrien, revêtu de son uniforme de l'Ecole. Il y a peut-être huit jours qu'il a reçu sa nomination d'officier, et le voilà étendu sur son dos, la figure pâle, les membres raidis par la mort. Comment ne pas penser à la mère de ce pauvre jeune homme.

A quelques pas plus loin, je vois un zouave complètement brûlé. Il est probable que ses cartouches auront pris feu ou qu'un obus, en le tuant, aura mis le feu à ses habits.

Les chevaux fournissent aussi de nombreux cadavres à ce champ de bataille. Beaucoup ont perdu leurs maîtres et errent sur le champ de bataille. J'en empoigne un et le traîne à ma suite ; mais il est loin d'être docile ; il avance difficilement et à plusieurs reprises je suis tenté de le lâcher, car il m'expose à être tué, en retardant ma marche au milieu des obus.

Enfin, nous apercevons une petite baraque au milieu du champ de bataille. Un drapeau d'ambulance flotte à son sommet. Nous nous dirigeons à la hâte vers ce signe de ralliement. En arrivant, nous voyons un triste spectacle : des blessés encombrant les alentours de cette maisonnette qui se compose de quatre murs et d'un toit peu solide. Déjà plusieurs de nos confrères s'y trouvent. Ce sont M. Beaumetz, médecin major, M. Lepelletier, médecin major, dont j'ai déjà parlé, et M. Marchand, comme moi, aide-major auxiliaire et que j'ai connu à l'Ecole de Strasbourg et au Val-de-Grâce.

Ces messieurs sont occupés à panser les blessés et à faire les opérations les plus urgentes. Nous nous joignons à eux, car la besogne est rude. Les blessés aperçoivent notre drapeau d'ambulance de loin et s'y réfugient : malheureusement nous n'avons comme espace que quatre mètres carrés environ, et quatre murs minces pour nous protéger. A peine pouvons-nous faire entrer les blessés que nous pansons rapidement et que nous envoyons se coucher dehors en plein air.

Les obus sifflent tout autour de nous : à plusieurs reprises nous nous couchons à plat ventre dans notre baraque, quand les obus deviennent d'une fréquence qui parfois ressemble à de la rage de la part des batteries allemandes. Nous avons eu plusieurs blessés atteints une seconde fois autour de notre maisonnette. Arrive un capitaine d'état-major à cheval qui nous dit : « Regardez donc, docteurs, ce que je viens de recevoir dans le dos, je crois que ce n'est pas grand chose. Nous le descendons à grand' peine de son cheval : il avait la colonne vertébrale horriblement brisée aux lombes : dix minutes après il expirait. Un blessé atteint dans le ventre, et dans le délire, le prend pour un oreiller, s'appuie la tête dessus et meurt. La première amputation que nous avons à faire est celle d'un beau et jeune officier de chasseurs à cheval ou dragons (M. le comte de Berghen, si je me souviens bien) : il a eu la cuisse gauche emportée d'un boulet, et nous n'avons qu'à régulariser l'amputaputation faite par le projectile.

Vers cinq heures nous apercevons les premiers soldats prussiens. Un jeune officier imberbe se présente sabre haut avec quelques hommes. Nous lui faisons comprendre, dans un mauvais allemand, que nous sommes des chirurgiens français. Il nous répond en français que nous pouvons rester tranquillement à notre besogne, ce que nous faisons. Lorsque les Prussiens se sont avancés un peu plus loin et que nous ne nous trouvons plus entre deux feux, nous évacuons notre petite cabane avec nos blessés, que nous transportons dans une petite ferme un peu plus bas : nous y trouvons plus de place, de la paille et quelques lits et nous recommençons de plus belle notre triste besogne. Nous ne nous sommes guère occupés de la marche de la bataille, tant nous avons d'ouvrage. A chaque instant les Prussiens viennent nous déranger : les officiers sont d'une politesse exquise, exagérée même; les soldats prussiens, dont beaucoup sont sous l'influence du cognac, je crois, s'apitoient sur le sort des blessés et leur offrent du sucre, du *chnaps* et des cigares. On nous demande les hommes valides et pouvant marcher pour les emmener prisonniers.

Vers huit heures, quatre Prussiens arrivent encore pour chercher les derniers blessés pouvant marcher, plus un médecin. On me désigne comme étant le plus jeune pour les suivre au camp prussien. Je traverse Givonne avec peine au milieu d'un encombrement énorme de troupes de prisonniers et de blessés.

Enfin j'arrive au camp du corps de Frantz, ainsi appelé du nom de l'empereur d'Autriche, qui en est le chef honoraire. Le commandant me dit que c'est par erreur qu'on m'a amené là, qu'il me conseille de passer la nuit au bivouac avec eux afin de ne pas m'égarer, et qu'ensuite je serais libre. Nous changeons de campement et retraversons Givonne; je cours à la suite du corps, craignant de le perdre : mon cheval, qui est très-chatouilleux, rue plusieurs fois et manque de tuer quelques Prussiens, à leur grand déplaisir. Un entre autres, qui en avait reçu un coup de pied au bras gauche, le menace de sa baïonnette : heureusement qu'il s'arrête au geste.

Arrivé au campement définitif, le commandant et

les deux docteurs allemands m'offrent *gracieusement* de partager leur repas, du pain sec, leur lit, la terre, et leur couverture, le ciel. Je refuse le pain et je grignote un morceau de chocolat, mais je partage la couche et la couverture. Affreuse nuit passée à grelotter, ne m'assoupissant de temps en temps que pour rêver carnage, défaite, amputations, etc.

Deux septembre. — Réveil à quatre heures (si toutefois on peut appeler cela un réveil), par un clairon d'un son très-doux, très-harmonieux; ce n'est pas un ordre, c'est presque une prière de se lever; on dirait la voix d'une mère éveillant son enfant. J'enfourche mon cheval et me voilà parti à la recherche de ma petite ambulance. Je suis complètement désorienté. Je tombe dans un village où je ne trouve que des Prussiens campés en plein vent. Je cherche des maisons, je ne trouve que des ruines; je cherche une ambulance, des médecins, je ne trouve que des morts horriblement mutilés, quelques-uns brûlés, des femmes même dans le nombre, quelques hommes tués en habits civils. J'ai appris depuis que c'était Bazeilles! Enfin, je rencontre à la sortie du village des hommes que j'avais vus la veille dans la ferme que nous occupions : ils sont réquisitionnés par les Prussiens pour porter leurs morts et leurs blessés. Ils m'indiquent mon chemin. Je traverse le champ de bataille de la veille : dans un chemin rapide, grimpant dans une espèce de parc, des monceaux de cadavres prussiens couchés l'un à côté de l'autre; la lutte a dû être acharnée dans cet endroit. Je remarque un soldat tué raide d'une balle à la tête : la rigidité cadavérique l'a saisi exactement dans la position d'un homme mettant en joue avec son fusil. A chaque pas je m'arrête à un blessé qui a passé la nuit sur le champ de bataille : j'épuise le peu de bandes et de charpie dont j'avais bourré mes poches et ma valise. Aux autres je ne puis que promettre de les faire enlever le plus tôt qu'il me sera possible. J'arrive à six heures à notre ambulance où ces messieurs sont déjà en devoir de panser et d'amputer ; nous continuons jusqu'à midi. Alors nous mangeons du bouillon fait avec la viande d'un cheval tué la veille pendant la bataille. Il n'a pas de mauvais goût, mais il est trop gras et pèche par sa ressemblance avec l'huile de ricin. Des pommes de terre en rata complètent notre dîner; de l'eau fait avaler tout cela. Nous nous consolons de cette maigre pitance en nous comparant à des Spartiates, des Spartiates un peu forcés, par exemple. Notre journée se passe exclusivement à faire des pansements et des amputations. Le soir, tous nos blessés ont été vus au moins une fois, et nous nous couchons tranquilles sur de la paille, dans un grenier où nous passons une excellente nuit, comparativement à celle de la veille.

Trois septembre. — Nous allons en reconnaissance jusqu'à Sedan, dont nous trouvons les ponts-levis barricadés. Nous apprenons qu'on est en train de négocier la capitulation. Nous retournons : qu'aurions nous à faire au milieu de cette bagarre, tandis que les blessés pullulent autour de la ville. En effet, en traversant le Fond-de-Givonne, un des faubourgs de Sedan, nous sommes arrêtés de tous côtés par des habitants qui nous supplient de venir donner nos soins à des blessés qui remplissent toutes les maisons, toutes les remises et toutes les écuries et qui, au troisième jour, n'ont encore reçu aucun soin médical. Une ambulance de trois ou quatre chirurgiens fonctionne seule dans ce faubourg. Ce nombre est d'une insuffisance flagrante. Parmi eux, comme seul opérateur, est Fauvel, que je rencontre au milieu de la rue, affublé d'une tunique de soldat, les manches retroussées, les mains sanglantes, et couvert d'un tablier qui fut blanc, mais qui maintenant est tout rouge de sang. Il ne lui manquerait plus que son grand couteau à amputation passé à la ceinture. Alors nous prenons sur nous d'installer une deuxième ambulance. Ce n'est peut-être pas conforme aux règlements administratifs, mais c'est de l'humanité. Nous annonçons du moins notre intention à l'intendant Rossi, qui était tranquillement assis devant une porte, sur le trottoir, en train de digérer un bon déjeuner sans doute et de fumer son cigare. Il a l'air de contempler cet aspect navrant du village *d'un cœur léger*. Nous allons revoir nos anciens blessés, déjeuner à la hâte (toujours du cheval et des carottes arrachées dans un champ voisin) et nous revenons nous installer à côté de l'église, dans une maison abandonnée, composée de quatre pièces, deux au rez-de-chaussée et deux au premier étage. L'une d'elles nous sert de salle d'opération. Nous commençons par l'église, où nous trouvons cent cinquante malades, dont moitié a été vue superficiellement par une ambulance pendant la bataille, ambulance qui s'est ensuite repliée dans l'intérieur des murs de Sedan, et l'autre moitié n'a reçu aucun soin. Nous faisons des pansements, extrayons les projectiles, en détournant les malades à amputer, que nous faisons transporter dans notre installation. Nous amputons depuis cinq heures jusqu'à la nuit. Nous soupons avec du lard, des pommes de terre et un pain arraché avec peine au boulanger.

Dans la soirée, M. Balet, médecin-major en chef de l'ambulance installée avant nous, froissé sans doute de notre présence et voulant tout avoir sous sa direction, a été trouver M. Mounier, médecin en chef de l'ambulance principale de Sedan, pour se plaindre de notre installation, ce qui fit régulariser notre position en ambulance, ainsi composée :

MM. Beaumetz, médecin en chef;
Pernod;
Lepelletier;
Delmas;
Marchand;
Flamarion.

Quatre septembre. — Nous continuons notre travail : le matin, pansement du reste des blessés qui n'ont pas encore été vus. Je me charge spécialement du côté droit du Fond-de-Givonne depuis notre ambulance jusqu'à Sedan. J'extrais une dizaine de balles, entre autres une qui a suivi un trajet bizarre :

Blanchard Auguste, du 46e de ligne, numéro

matricule 3350, blessé le matin du 1er septembre. La balle est entrée au-dessous de la pommette gauche, a contourné le cou sous le sterno-mastoïdien, sans léser d'organe important, puis, après avoir traversé les muscles sus-épineux, est allée se loger sous la peau, au niveau de la troisième vertèbre dorsale, d'où je l'extrais en faisant une incision à la peau.

Dans l'après-midi, nous faisons des amputations. Rien de spécial ne signale cette journée.

Cinq septembre. — Notre vie commence à être plus régularisée. Nous continuons nos pansements et nos opérations. Nous avons une quinzaine d'infirmiers auxiliaires en comptant nos ordonnances, qui n'ont rien touché comme aliments depuis trois jours. Je m'adresse à un officier d'administration qui m'avait promis de les nourrir. Je lui dis que nous n'avons pas de pain pour nous, et en effet, nous mangeons du biscuit, et que nos hommes n'ont rien. Il me répond grossièrement qu'il se nourrit, lui et ses hommes, et qu'il se f... du reste. C'est du reste le même à qui M. Mounier dit dans la même journée : « *Vous et les vôtres, vous n'êtes bons qu'à fumer et à manger !* »

Enfin, dans la journée, on nous autorise à faire

des bons pour du pain et de la viande, touchables à Sedan.

Pendant ce temps, les nouvelles les plus contradictoires circulent sur ce qui se passe dans l'intérieur de la France. D'après les uns, un gouvernement provisoire aurait déjà été établi avant la bataille du 1er septembre ; l'empereur l'aurait su et aurait cependant commandé au maréchal Mac-Mahon d'accepter la bataille, espérant ainsi ou se relever par une victoire, ou laisser la France vaincue à la merci de l'ennemi. Il aurait signé la paix sous la responsabilité du général de Wimpfen, mais le gouvernement provisoire aurait refusé de lire ce traité et l'aurait brûlé, décidant que la nation entière s'armerait et ferait une guerre nationale. Le gouvernement serait composé de Thiers, Jules Favre, Gambetta, Jules Simon, d'autres ajoutent Rochefort et le général Trochu comme ministre de la guerre.

Six septembre. — Nous passons notre matinée à faire un état des malades transportables immédiatement. Ces paperasseries nous mangent un temps précieux ; cependant le temps presse ; les malades sont de plus en plus dans de mauvaises conditions pour être opérés. Ainsi nous trouvons un homme atteint d'un projectile à la cuisse droite avec fracture comminutive qui aurait pu guérir s'il avait été amputé immédiatement ; mais il y a maintenant gangrène et emphysème des parties.

Le soir je me couche avec un peu de fièvre : deux égratignures à l'index et au petit doigt droit me font souffrir énormément. Je crains une inoculation de pus virulent, que nous avons continuellement en contact avec nous.

Mercredi 7 septembre. — J'ai bien dormi, grâce à l'absence de M. P., qui s'est trouvé un gîte plus confortable ailleurs. Ses ronflements, que je comparais volontiers à des décharges de mitrailleuses, en petit, ne nous ont plus dérangé dans notre sommeil.

Mes égratignures ressemblent assez bien à des tubercules anatomiques et commencent à suppurer. Comme elles sont justement sur les articulations, je suis assez gêné pour les opérations.

On nous demande aujourd'hui un état des malades transportables qui seront guéris avant trois mois : ils seront envoyés comme prisonniers dans les pays occupés par l'ennemi, Lorraine et Alsace. Les autres seront expédiés à Mézières.

Je ressens quelques coliques dans la journée et

un commencement de diarrhée se déclare chez moi. Je n'en continue pas moins à faire tout mon possible pour les pansements et les opérations.

Jeudi 8 septembre. — Très-mauvaise nuit : six selles diarrhéiques pendant la nuit ; le soir, un frisson une heure après m'être couché. J'ai pris du sulfate de quinine. Ce matin, je ressens des coliques continuelles et mes selles commencent à devenir sanguinolentes.

Mon état général est très-mauvais, je ne me sens plus de forces, j'ai de la fièvre et de l'embarras gastrique. Ces messieurs me conseillent de les quitter et de ne pas rester plus longtemps au milieu de ce foyer de putréfaction.

Je vais à Sedan demander la permission de partir au médecin en chef, M. Mounier, et un laissez-passer à l'autorité prussienne, ce qui m'est accordé.

Je rencontre à Sedan plusieurs de mes amis qui ont de la peine à me reconnaître, tellement je suis changé.

Vendredi 9 septembre. — Vers 9 heures, je m'apprête à partir. Ma dyssenterie continue de plus belle et mes selles sont toujours presque complètement sanguinolentes. J'enfourche le cheval que j'avais pris sur le champ de bataille et que j'avais conservé à grand'peine. Je traverse Givonne. En sortant de ce pays, je rencontre une ambulance colmarienne dont fait partie le docteur Hummel que j'ai connu comme étudiant en médecine à Strasbourg. Ces messieurs me racontent que, partis de Colmar à leurs frais, ils sont allés à Paris demander une voiture à la Société internationale des secours aux blessés, et qu'on les a fait attendre trop longtemps. Mais, pressés d'arriver, ils ont passé par la Belgique et sont arrivés cinq jours après la bataille, alors que toutes les ambulances avaient pris leur nombre de malades et donné les premiers soins. Aucune n'a voulu leur céder de blessés et ils sont obligés de retourner à Paris où ils se dirigent.

Ils m'offrent gracieusement de les accompagner, ce que j'accepte avec plaisir.

Cette ambulance est composée de deux docteurs, d'étudiants en médecine et en droit et d'un professeur de gymnastique, en tout dix personnes. Nous arrivons à Bouillon après avoir traversé la frontière belge sans encombre, mais au milieu d'une pluie battante. Pas moyen de trouver à manger au milieu d'un encombrement formidable d'Anglais, d'Allemands, de Français et de Belges. Le professeur de gymnastique, un garçon très-original et très-serviable, dont je regrette d'avoir oublié le nom, trouve une place pour mon cheval chez un sellier dont il avait fait connaissance en venant; par son intermédiaire, on me fait dans cette famille une excellente tasse de chocolat.

Le point important pour nous est de gagner une station de chemin de fer. Pour cela, ces messieurs ont retenu un omnibus qui fait le trajet de la poste jusqu'à Dinant; mais on peut y tenir au plus six ou huit. Des Français qui avaient retenu un autre omnibus pour retourner à Sedan, veulent bien d'abord nous le céder; mais au moment de partir, quand notre premier véhicule est déjà à une certaine distance avec cinq des nôtres, ces messieurs entrent dans leur voiture et refusent de nous la céder, quoique d'autres voitures aient des places à leur donner pour Sedan.

Ce procédé peu délicat nous met sur le pavé; et la pluie continue de plus belle. Nous cherchons longtemps une voiture dans la ville : enfin nous trouvons un voiturier qui veut bien, pour quarante francs, nous conduire non à Dinant, mais à Libramont, sur un charriot dans lequel on mettra de la paille, le tout recouvert d'une bâche. Nous acceptons, faute de mieux et nous partons à cinq heures. On nous prévient que nous irons continuellement au pas et que nous avons vingt-sept kilomètres à faire ainsi. Par dépêche télégraphique, nous avions donné rendez-vous aux camarades partis pour Dinant, le lendemain matin à Namur.

Nous gravissons une longue côte à pied. Au-dessus de cette côte, nous trouvons une auberge isolée ; nous demandons à manger. On nous offre du pain, du lard et du beurre, et avec cela une bouteille de Bordeaux. Moi, qui n'avais pris dans la journée qu'une tasse de chocolat, je me laisse aller à un commencement d'appétit et je mange une tartine de beurre. Nous prenons une tasse de café et nous nous emballons dans notre voiture.

Mon cheval, attaché derrière la voiture, rue à chaque instant. Pendant le trajet, le professeur de gymnastique, ne pouvant dormir et ayant trop froid, voulut le monter. Il faillit être désarçonné dans une de ses ruades, et jura bien qu'on ne l'y reprendrait plus. Enfin, nous arrivons à Libramont à une heure du matin. J'ai été gelé de froid pendant tout ce trajet, qui m'a paru interminable.

Nous ne trouvons pas à coucher, et après nous être chauffés à la gare, nous nous couchons dans des wagons de deuxième classe.

Samedi 10 *septembre*. — Je suis réveillé par un

homme qu'un employé de la gare m'envoie pour acheter mon cheval. L'impossibilité de le transporter par chemin de fer et les coliques affreuses qui me tourmentent font que j'ai bien vite fait de le lâcher pour quatre-vingts francs : il valait bien six cents francs. Mes douleurs ont redoublé, probablement à la suite du transport à cheval et sur le charriot, du froid que j'ai ressenti toute la nuit et peut-être aussi de l'ingestion de ma tartine de beurre. Jusqu'à six heures quarante minutes, je ne fais qu'aller à la selle, sans pouvoir me réchauffer. Nous partons à cette heure pour Namur, où nous arrivons à neuf heures et demie.

La première partie de l'ambulance est arrivée. Ces messieurs partent pour Paris, tandis que mon intention est d'aller à Lille ; étant très-fatigué, je vais me coucher à l'hôtel des Messageries. Je pars le soir à cinq heures, sans avoir beaucoup vu Namur, qui me semble cependant une ville assez jolie et assez agréable.

J'arrive à dix heures et demie du soir à Lille, et je descends à l'hôtel de l'Europe. Je reste encore le lendemain pour me reposer, et le 12 septembre je rentre au dépôt du 33e, où je suis de nouveau attaché comme aide-major.

LIVRE DEUXIÈME

ARMÉE DU NORD

ARMÉE DU NORD

PREMIÈRE PARTIE

Bataille de Villers-le-Bretonneux et Boves.

Les Prussiens dirigeaient leurs forces sur Amiens pour se rendre ainsi maîtres de la ligne ferrée de Rouen.

L'armée du Nord, en voie de formation, et sous la direction supérieure du général Farre, fut envoyée vers cette tête de ligne.

Le 5e bataillon du 33e de ligne, auquel je fus attaché comme médecin aide-major, reçut l'ordre de partir le 23 novembre 1870, à cinq heures du soir. Nous nous attendions, depuis quelques jours, à cet ordre de départ, et j'arrivais de Lille avec un cheval pris à la remonte de cette ville, à 7 heures du soir. Je n'eus que le temps de finir ma malle.

Nous avions organisé notre popotte de manière à pouvoir vivre ensemble, le commandant, le capitaine adjudant-major et moi.

Vingt-quatre novembre 1870. — Nous partons d'Arras à quatre heures du matin, et nous arrivons à six heures à *Longueau*. On reste deux heures là à attendre des ordres, puis nous nous dirigeons sur Camons. Les habitants nous reçoivent avec curiosité, mais voilà tout. Nous sommes logés, le commandant, le capitaine adjudant-major et moi, chez M. de Morgan, qui nous offre sa table et refuse de nous laisser vivre à l'auberge. C'est un ancien garde-du-corps de Charles X, chez lequel nous trouvons une affabilité complète et une hospitalité écossaise.

Mon cheval, ainsi que celui du commandant, n'arrivent pas. Débarqués à Amiens, nos ordonnances nous ont perdu de vue, et ce n'est que vers cinq heures du soir qu'ils nous retrouvent. Nous nous couchons à dix heures dans de bons lits, où je fais le souhait de passer une bonne et longue nuit.

Vingt-cinq novembre. — Il ne faut pas souhaiter bonne chance à un chasseur qui part à la recherche du gibier. Il paraît qu'il ne faut pas non plus souhaiter bonne nuit au militaire en campagne ; car on nous réveille à trois heures du matin. Il faut partir. Nous arrivons à Longueau à cinq heures et demie pour nous diriger sur Villers-le-Bretonneux. Les soldats font le café ; nous trouvons à nous faire faire une omelette, et vers une heure on sonne le rassemblement. Il paraît que nous allons aux Prussiens. Nous allons, en effet, nous poster en avant de Villers-le-Bretonneux, pendant quatre heures. Nous sommes au moins trois à quatre mille hommes rangés en bataille sur cette plaine; ce qui n'empêche pas les hulans de venir papillonner autour de nous. On en blesse et fait prisonnier un. Voilà le bilan de la journée. Puis on nous annonce que nous allons camper là. Le terrain est détrempé. Je cherche un lit à Villers-le-Bretonneux et je fais préparer un dîner à l'hôtel du Commerce pour le commandant, le capitaine et moi. Le lit fut excellent et gratuit, le dîner fut mauvais, mais... très-cher.

Vingt-six novembre. — Après une excellente nuit, je me lève à six heures et vais au campement où je fais la visite. Les autres troupes rentrent dans leurs cantonnements. Le 33e reste à Villers. Je déjeune avec M. Petit, capitaine adjudant-major, chez un grand filateur de l'endroit. Il est charmant, et sa jeune dame également. Vers quatre heures, on nous dit de nous préparer à partir. Nous devons rejoindre nos cantonnements en passant par Gentelles, afin de soutenir un bataillon de chasseurs attaqué par les Prussiens, et demandant du renfort. Nous nous séparons en deux parties. Je suis du premier départ (1re et 5e compagnies).

Nous quittons la route en sortant de Villers et nous nous portons à gauche, à travers champs. Arrivés dans un petit vallon, nous rencontrons un indigène qui, tout essouflé, nous dit que les chasseurs battent en retraite depuis une heure et demie et que nous ne tarderons pas à voir arriver les Prussiens. Ce qui nous étonne, c'est de ne pas voir un seul fuyard français. Cependant, le commandant n'étant pas arrivé, le capitaine Audibert fait déployer une compagnie en tirailleurs, et nous marchons dans la direction de Gentelles. C'était une fausse alerte et les Prussiens, après avoir fait une démonstration, s'étaient retirés. Il nous faut rejoindre nos cantonnements. Nous arrivons à Camons à neuf heures et demie du soir, et nous retrouvons chez M. de Morgan une hospitalité toujours aussi affable.

Vingt-sept Novembre. — Une bonne nuit nous a fait oublier notre course de la veille.

Nous quittons Camons à neuf heures du matin ; puis nous partons de Longueau à onze heures. Il paraît que les Prussiens ont commencé une attaque sérieuse sur toute la ligne ; notre bataillon doit se diriger sur Boves. Nous tournons par la droite : arrivés à Cagny, nous entendons une vive fusillade et le canon.

De là, nous traversons une série de monticules et de vallées.

Nous apercevons quelques hulans sur notre droite ; mais nous continuons notre marche sur Boves. Le capitaine Procès se porte en avant avec sa compagnie déployée en tirailleurs et va occuper le côté droit du plateau où est situé le château de Boves. Ce château en ruines occupe une espèce de promontoire qui surplombe le village de Boves. Il est déjà occupé par le bataillon de chasseurs. C'est évidemment la clef de la position pour la défense du village.

Aussi c'est là que les Prussiens vont diriger tous leurs efforts. Le commandant apprenant que l'ennemi veut tourner la position sur notre gauche en s'engageant dans les marais, envoie la compagnie du capitaine Labrié de ce côté.

Cette compagnie ne rencontrant pas les Allemands dans le fonds monta sur le promontoire et se plaça à gauche du château. Un bataillon du 24e de ligne devait empêcher les marais d'être occupés par les Prussiens. Nous restons dans le village avec la 3e compagnie et deux compagnies de mobiles en arrière de nous dans un chemin creux.

L'action s'engage très-vivement : d'un endroit élevé où je me suis placé à l'entrée du village, je suis parfaitement les premières phases du combat.

Une batterie prussienne vient s'établir sur notre droite et tire sur les troupes qui occupent le plateau du château. Les obus ne font pas beaucoup de mal, mais une forte colonne d'infanterie, protégée par la batterie dont je viens de parler, s'engage à droite et gravit le plateau, débordant la droite de nos tirailleurs. Un vif combat de mousqueterie s'engage : nos soldats tiennent bon pendant deux heures, mais ils se voient débordés de tous côtés.

Le capitaine Procès ne pouvant pas compter sur une retraite d'un autre côté, revient avec sa compagnie par le chemin de Boves et passe devant nous au pas gymnastique pour aller prendre position en arrière du village. Les mobiles, en voyant ce mouvement de retraite, se débandent sans avoir tiré un seul coup de fusil.

Mais les Prussiens, qui ont occupé la hauteur, tirent dans ce chemin creux au milieu de ce tourbillon d'hommes effarés. Le sol se jonche de morts et de blessés : je ne puis les abandonner et je me mets contre le talus.

Les balles sifflaient de tous côtés et produisaient dans la poussière exactement le même effet que les premières grosses gouttes de pluie d'un orage. C'est à ce moment que mon ordonnance qui était allé chercher mon cheval, fut tué, et que mon cheval disparut. La compagnie du capitaine Procès, au milieu de la panique des mobiles, ne parvint pas à s'organiser et à se mettre en défense en arrière du village; elle battit en retraite sur Cagny avec les mobiles, avec moitié de la compagnie qui était restée à l'entrée du village pendant l'action. L'autre moitié, commandée par le brave lieutenant Sicker, se porta derrière des meules de paille, et là, pendant deux heures, elle arrêta les Prussiens qui descendaient du château de Boves. Trois fois, je les vis descendre de la hauteur et trois fois ils remontèrent, décimés par les balles de nos soldats qui tiraient avec un sang-froid et une précision admirables.

Mais pendant ce temps, le bataillon du 24e de ligne qui devait défendre les Tourbières sur la gauche de Boves, avait battu en retraite d'une façon trop précipitée, laissant à découvert la compagnie Labrié. Celle-ci se trouva prise par sa gauche et par sa droite ; en arrière elle était arrêtée par des carrières à pic, au bas desquelles Boves est bâti et ayant une hauteur de cinquante mètres au moins.

Entourés de tous côtés, n'ayant plus comme ressources que de se jeter dans un précipice où la mort était sûre, les soldats se défendirent avec acharnement. On se battit à coups de crosse et à la baïonnette. Quelques soldats tombèrent encore vivants dans les carrières et se tuèrent ainsi. D'autres, frappés à mort, ne pouvant se retenir, allèrent se briser sur les pierres et les toits des maisons. De ces derniers, fut le lieutenant Souville, qui, âgé de 50 ans et en non activité, avait demandé à reprendre du service pour la durée de la guerre. Il nous était arrivé au bataillon quelques jours auparavant, et il venait de recevoir comme récompense de son dévouement à la patrie, une balle en pleine poitrine.

Le capitaine Labrié, un échappé de Metz après la capitulation, fut pris et horriblement maltraité par les Prussiens. Je le revis après sa captivité les articulations des pieds et des doigts encore tout gonflées des coups de crosse qu'il reçut de toutes parts.

L'ennemi, maître du plateau, maître des Tourbières à gauche, maître de notre droite, arriva en poussant des cris horribles dans le village. La résistance de la demi-compagnie postée derrière les meules de paille l'avait exaspéré : ils entourèrent les quelques soldats qui se défendaient encore et qui mirent baïonnette au fusil, mais ils furent obligés de se rendre.

J'étais encore contre le talus à panser mes blessés. Au moment où les Prussiens arrivèrent sur moi, j'arrêtais l'hémorragie chez un soldat, atteint au coude gauche, d'une balle qui avait lésé l'artère humérale. Un soldat prussien m'asséna un coup de baïonnette sur la tête, les autres me prirent comme prisonnier et me mirent sur le même rang que les soldats et officiers pris, malgré mon brassard, malgré mes réclamations, malgré les cris des blessés qui nous entouraient et demandaient du soulagement. Je fus obligé d'abandonner mon soldat atteint au coude, et de laisser saigner l'artère humérale. Un officier allemand auquel je m'adressai en protestant contre cette violation de la convention de Genève et des premières règles de l'humanité, ne daigna me répondre que par un geste brusque qui m'ordonnait de me mettre en rang avec les prisonniers.

Un pauvre mobile avait eu le ventre traversé d'une balle et était étendu dans un fossé : des soldats prussiens le soulevèrent trois fois pour le forcer de se tenir debout et de marcher avec les autres prisonniers. Ce n'est qu'à force d'instances et en leur montrant du doigt l'ouverture d'entrée de la balle que je parvins à les forcer de laisser mourir tranquille ce pauvre jeune homme.

Puis on nous emmena sur deux rangs à travers champs. Après deux kilomètres de ce trajet, je rencontrai l'état-major du général qui commandait en chef le corps prussien. Avec eux était le médecin en chef auquel je me réclamai de mon droit d'être laissé à mes blessés. On me donna alors la permission de retourner à Boves, où je me rendis à l'ambulance établie à la mairie.

Là je trouvai deux de mes confrères ; l'un attaché au 24e de ligne, l'autre au bataillon de chasseurs ; les deux médecins avaient occupé l'ambulance depuis plusieurs jours, car Boves était leur cantonnement. L'avant-veille, dans une reconnaissance prussienne, plusieurs soldats ennemis avaient été tués et blessés (en tout une vingtaine). Nous nous mîmes à panser les soldats apportés dans la journée, puis nous visitâmes les maisons afin d'y recueillir et panser les soldats blessés qui s'y étaient réfugiés.

Nous avons retiré, avec mon ami Caillet, médecin de chasseurs, un éclat d'obus du sein d'une femme blessée dans sa maison.

Vingt-huit Novembre. — Après une nuit passée sur une botte de paille au milieu de nos blessés, nous faisons les pansements les plus urgents et les opérations nécessaires dans la matinée. Puis nous allons visiter quelques fermes aux alentours où on nous dit que des blessés se sont réfugiés.

Dans l'une, entr'autres, nous trouvons des officiers prussiens en train de choisir des chevaux. Le sécrétaire de la maison avait été enfoncé et on avait pris deux mille francs. J'y trouve quelques soldats de la compagnie du capitaine Labrié. Ils ont été pansés par un médecin prussien.

Pendant les trois jours que nous restons encore à soigner les blessés de l'ambulance de la mairie, il nous arriva une histoire désagreable avec les Prussiens.

Quelques jours avant la bataille de Boves, une forte reconnaissance prussienne avait été dirigée sur ce village et avait été repoussée par le bataillon de chasseurs en laissant des blessés et une dizaine de morts. Le maire avait eu la fâcheuse idée de faire transporter leurs cadavres autour de la mairie ; quelques-uns présentaient des blessures de la tête. Il vint alors à l'idée des soldats ennemis que leurs camarades blessés et soignés à la mairie avaient été achevés par les Français; de là enquête, arrestation du maire que l'on retient prisonnier entre quatre baïonnettes dans la salle de la mairie, avec menace de le fusiller si l'enquête prouve la véracité de leur hypothèse. Cette enquête était faite par des médecins allemands qui firent l'autopsie des cadavres. Les uns ne reconnurent pas de signes assez évidents ; mais d'autres affirmèrent catégoriquement qu'il y avait enfoncement des parois du crâne par coups de crosse, quand il existait d'autres blessures sur les mêmes soldats : ce qui semblait prouver que ces blessés avaient été achevés dans l'ambulance, nous médecins laissant faire. Heureusement qu'il y avait parmi nos blessés des soldats ennemis qui déposèrent que rien de semblable ne s'était passé, et qu'au contraire les soins les plus empressés leur avaient été prodigués. Le maire avait passé une journée entière sur une chaise entre les quatre baïonnettes sans pouvoir communiquer avec personne. On ne lui permettait qu'une chose, par exemple, c'était de signer les bons de réquisition. Il se montra, du reste, assez ferme, quoique malgré lui quelques larmes s'échappassent de temps en temps pour couler lentement sur ses joues.

Au milieu de toutes ces tracasseries, une ambulance internationale étant venue nous proposer de prendre nos blessés, sachant que l'armée du Nord avait battu en retraite sur Arras pour s'y reformer, nous résolûmes de tâcher de regagner nos corps respectifs.

Deux Décembre. — Nous allons trouver le général commandantla division qui occupe Boves et les environs, et lui demandons un laissez-passer nous appüyant sur la convention de Genève. Il nous le refuse, très-poliment, c'est vrai, mais enfin il nous le refuse.

Nous partons alors pour Amiens, et nous adressons au quartier général ; de là on nous renvoie à la commandantur, qui nous expédie à l'intendant. Celui-ci nous dit de revenir à quatre heures du soir chercher nos laissez-passer. A quatre heures, il avait déménagé sans laisser son adresse.

Nous sommes obligés de coucher dans une auberge des faubourgs.

Là nous sommes entourés de ce ramassis de Juifs allemands qui suivent les armées ennemies, avec leurs femmes et leurs enfants ; nous nous enfermons dans notre chambre et nous y mangeons.

Trois Décembre. — Après bien des démarches, on finit cependant par nous accorder un laisser-passer dans l'après-midi. Nous avions encore passé cette journée dans notre chambre.

Quatre Décembre. — Nous partons à sept heures du matin par une belle matinée et nous nous dirigeons sur la route d'Albert. Nous faisons ainsi vingt kilomètres le plus rapidement possible, dans la crainte d'être suivis par une colonne prussienne dans cette direction. Enfin nous atteignons Albert et nous cherchons des moyens de transport pour Arras. Mais aucun voiturier ne voulut consentir à nous transporter, n'importe à quel prix. Ils avaient trop peur de se compromettre. Il est vrai que par compensation les habitants avaient mille égards pour les Prussiens. Ainsi n'avions-nous pas rencontré un notable de l'endroit, capitaine de la garde nationale, mais ne s'en vantant pas pour le moment, allant à cheval au devant des Prussiens pour leur dire que tout était prêt pour les recevoir, et sans doute que la soupe était prête à être servie.

Au moment où sortant de déjeuner dans un café

de la gare, nous nous apprêtons à partir à pied dans la direction d'Arras, nous voyons arriver de tous côtés des uhlans. L'un d'eux met le pistolet sous le nez de l'un de nos confrères, qui n'a que le temps de lui montrer son brassard.

Ils nous laissent cependant quitter Albert sans nous inquiéter.

Nous faisons encore une quinzaine de kilomètres à pied, et trouvons enfin un voiturier qui veut bien nous conduire à Achiet, où nous trouvons les avant-postes français. La vue des uniformes amis est certes une des plus douces joies que l'on éprouve en sortant des mains de l'ennemi.

Nous prenons le train qui nous conduit à Arras. Je vais directement au cercle des officiers, où je trouve tous ces messieurs du 33e de ligne échappés à la bagarre.

Les jours suivants on se remet à reformer le bataillon, pour de nouvelles campagnes, en envoyant des reconnaissances de temps en temps alternativement avec les autres corps de l'armée qui sont cantonnés soit dans Arras soit dans les environs.

DEUXIÈME PARTIE

Querrieux. — Pont-Noyelles.

Le général Bourbaki, arrivé comme général en chef de l'armée du Nord, s'était mis immédiatement après la bataille de Villers-le-Bretonneux à reconstituer les corps et les distribuer par brigades et divisions.

Mais ce travail d'organisation ne semblait pas être dans les goûts de ce général d'action, si nous en croyons toutefois les on-dit. Il fit place au général Faidherbe, officier du génie.

Notre bataillon s'était reconstitué; mais notre commandant ayant été attaché à l'état-major, ce fut le capitaine Audibert qui fut chargé d'en faire les fonctions.

Le dix décembre, nous recevons l'ordre de nous tenir prêts à partir le lendemain matin.

Onze Décembre. — Nous nous embarquons à Arras à six heures du matin et nous arrivons à

Achiet à sept heures et demie. Le temps est froid ; la terre est couverte de neige et les chemins de verglas. Voici l'ordre laconique envoyé à notre bataillon et signé Faidherbe :

« Se porter sur Albert, l'enlever de vive force s'il est occupé par l'ennemi, et l'occuper militairement. »

Nous partons donc dans cette direction en prenant des précautions et faisant déployer les tirailleurs à l'approche d'Albert ; mais l'ennemi était parti quelques heures auparavant.

Je rencontre sur la place le même capitaine de la garde nationale qui avait été au devant des Prussiens. Aujourd'hui que nous sommes en force, il déblatère contre les Prussiens et nous fait bon accueil ; il m'offre même un gîte dans sa maison. Mais nous nous logeons tous à l'hôtel des Postes. Là on nous étrille d'une façon énergique pour un maigre souper. C'est toujours là que l'on reconnaît le patriotisme. Du reste, j'ai déjà eu et j'aurai encore souvent probablement l'occasion de noter avec quelle âpre ardeur on nous fait payer nos aliments à un prix exorbitant.

Lundi 12 *décembre.* — Départ à huit heures. De l'eau glacée commence à tomber. Monté sur mon cheval, avec mon grand manteau en caoutchouc qui se recouvre bientôt d'une couche brillante de verglas, je dois ressembler de loin (de loin seulement) à un noble croisé partant pour la Syrie, tout bardé de fer poli. Mais je suis bientôt obligé de descendre de cheval, à moins de m'exposer à ne faire qu'une seule pièce avec ma selle et mes étriers. A une heure, grande halte à Cléry-sur-Somme.

Nous mangeons du saucisson et du fromage. Je fais la rencontre de mon ami Caillet, qui recommence comme moi la campagne avec une nouvelle ardeur, refroidie un peu pour le moment par la température.

Nous traversons Péronne à trois heures, pour nous rendre à Saint-Christ, où nous arrivons à sept heures et demie. Nous sommes logés, le lieutenant Dumas, et moi, chez M. Robidat boucher. Après une étape de quarante kilomètres, nous trouvons avec plaisir, bon accueil, bon feu et bon souper.

Mardi treize Décembre. — Nous croyions être installés pour plusieurs jours, quand nous recevons l'ordre de changer de cantonnements à dix heures du matin. Nous allons à six kilomètres, à Falvy, où nous arrivons à trois heures. Là nous sommes logés, le capitaine commandant et moi, chez le maire dans une ancienne sucrerie actuellement transformée en grande ferme. Nous trouvons là encore bon accueil, bon souper, et bon lit.

Mercredi quatorze Décembre. — Réveil à sept heures, visite à sept heures et demie. A Falvy, nous nous trouvons en arrière de la Somme et du canal, dont nous sommes chargés de garder les ponts. A notre droite le pont d'Epenaucourt et devant nous celui de Pargny. A gauche, le pont de Bethencourt est gardé par les chasseurs.

Dans l'après-midi, nous partons avec une demi-compagnie, le commandant et moi, pour faire une reconnaissance de l'autre côté de la Somme. Nous passons à Rangy, où nous trouvons un maître d'école qui nous semble idiot. Il n'y a pas moyen d'avoir un renseignement de lui. Nous nous dirigeons sur Morchain ; nous prenons à gauche nous deux le commandant, avec une escouade. Comme nous sommes à cheval, nous apercevons tout-à-coup, dans un chemin creux, une troupe en uniforme sombre qui se déploie immédiatement en tirailleurs pour nous envelopper. Au bout de quelques instants nous croyons reconnaître les chasseurs nos voisins de gauche, qui nous prennent pour deux hulans. Nous piquons droit sur eux ; cela leur paraît drôle et les fait arrêter, car l'idée leur vient immédiatement que nous sommes des Français. Il était du reste temps que leur démonstration cessât, car les armes étaient déjà chargées et nous étions parfaitement à portée des chassepots. Après nous être reconnus de plus près, les pauvres chasseurs étaient fort ennuyés de n'avoir pas de vrais hulans sous la main.

Nous partons pour Morchain, puis de là pour Liécourt.

La nuit nous prend au sortir de ce village ; on nous indique un faux chemin et nous reconnaissons au bout d'une demi-heure que nous allons sur Péronne. Il nous faut retourner à Liécourt, puis prendre un chemin de traverse où il y a un pied de boue. Nous sommes conduits par le garde champêtre de Pargny, qui, après nous avoir menés au milieu des champs où nous nous embourbons, nous déclare, au milieu d'une nuit sombre, qu'il ne sait plus où il est.

Enfin, à force de tâtonnements, nous tombons sur le canal que nous suivons jusqu'à notre point de départ, et nous rentrons à six heures et demie à Falvy, où nous attendait un dîner tout prêt.

Jeudi quinze Décembre. — Ordre de partir à neuf

heures du matin pour Chaulnes. Nous commençons alors à prendre place par brigade et division.

Nous arrivons à Chaulnes à trois heures de l'après-midi. Mon billet de logement me conduit chez un jeune notaire qui refuse de me recevoir, sous le prétexte qu'il loge déjà trois soldats du génie. Je vais avec le notaire à la mairie pour faire changer mon billet ; mais on renvoie le notaire en lui disant qu'il peut parfaitement me loger, ce dont je suis parfaitement persuadé ; mais ce jeune patriote me fait une mine du diable, et m'offre de partager le repas des soldats du génie. Devant cette preuve de tact et de bonne volonté, je ne puis que m'incliner. Heureusement qu'un voisin complaisant chez lequel loge M. Audibert, m'offre table et logement. La table fut excellente, je partageai le lit du capitaine Audibert.

A Chaulnes existe un beau château dont j'ignore le nom du propriétaire. Il paraît que les Prussiens l'ont complètement dévasté quelques jours auparavant. Les officiers s'y sont livrés à des orgies honteuses. Dans le salon, ils ont rangé les meubles dans un coin en guise de paravent, et ont déposé leurs ordures derrière. Les soldats sont tombés dans la cave sur quelques cruchons d'eau de Pullna qu'ils ont pris pour des liqueurs. Les suites de cette absorption leur firent croire qu'ils étaient empoisonnés, ce qui les mit dans une anxiété sans pareille.

Vendredi 16 *Décembre*. — Partis à sept heures du matin, après avoir fait une grande halte à Harbonnières, nous arrivons à *Marcelcave*. C'est en face de ce pays que nous avions fait une démonstration quelques jours avant la bataille de Villers-le-Bretonneux.

Nous trouvons encore une ambulance prussienne; j'y trouve trois blessés français, deux ont subi l'amputation de la cuisse hier, l'autre a une fracture grave du fémur.

Je suis très-bien logé dans une grande ferme, chez la veuve Serpette.

Samedi 17 *septembre*. — Réveil à cinq heures et demie. Départ à huit heures, d'abord pour Cagny, village situé entre Boves et Amiens. Nous croyons donc aller revoir notre ancien champ de bataille de Villers-le-Bretonneux et, de là, aller bientôt repousser les Prussiens d'Amiens. Cette ville, qui est leur tête de ligne pour relier la Normandie au nord, est importante à saisir. Aussi est-il probable que les Prussiens la défendront. Déjà ils se sont repliés devant nous pour se concentrer, car tous les pays que nous venons de traverser étaient occupés, il y a quelques jours, par les Prussiens. Tout-à-coup, au moment de marcher sur Villers, on nous fait changer de front et franchir la Somme à Corbie. On explique ce changement de direction par la présence, à Amiens, d'un nombre de Prussiens supérieur à ce qu'on croyait, car des renforts sont arrivés. Or, notre position, sur la rive gauche de la Somme, serait assez critique dans le cas où nous serions battus ; car notre retraite sur les places du nord pourrait être moins facile, étant obligés de traverser des ponts qu'on pourrait couper, et qui, en tous cas, amèneraient de l'encombrement.

Nous arrivons à *Querrieux* à trois heures du soir. C'est là que doit être notre cantonnement avec un bataillon de chasseurs. Nous sommes logés, le capitaine-commandant et moi, chez une brave famille de cultivateurs, Darras, où nous trouvons quatre générations. Nous y trouvons lits et table.

Le *dimanche* 18 *décembre*, rien de nouveau, que des faux bruits sur la capitulation de la citadelle d'Amiens, que l'on n'a pas attaquée, du reste.

Lundi 19 *décembre*. — Il paraît que nous sommes à Querrieux pour plusieurs jours. On attend les Prussiens dans des positions choisies d'avance sur la droite de la Somme, en arrière d'une petite rivière appelée la Lue. Nous sommes à Querrieux, en avant de cette rivière, mais seulement comme avant-poste. Il paraît que, pendant cette journée, des hulans en reconnaissance ont pris deux chevaux de dragons, attachés à la porte d'une maison isolée, tandis que les dragons se gobergeaient à l'intérieur avec d'autres soldats.

Mardi 20 *décembre*. — Vers onze heures du matin, on signale une forte reconnaissance ennemie. Nous n'avons pas le temps de finir notre déjeuner ; on sonne la marche du régiment. A peine le bataillon est-il formé, que les grand' gardes placées à l'entrée du village commencent à tirer, et l'on entend siffler quelques balles jusque dans le milieu du pays. La reconnaissance prussienne occupe un bois placé en avant de Querrieux et tire à bonne portée sur le village. L'artillerie s'en mêle bientôt et les obus tombent sur les premières maisons. L'un d'eux éclate à côté du général Paulze d'Yvoi. Celui-ci, croyant à une attaque sérieuse, ordonne aux troupes qui occupent le village de tenir, pendant qu'il va prendre position en arrière de la Lue.

On m'apporte quelques blessés que je panse dans une maison. Quand j'ai fini, on accentue un mouvement en avant, après avoir reconnu que l'ennemi ne semble pas vouloir quitter le bois.

Les chasseurs marchent directement sur le bois avec ardeur et courage : trois compagnies du 33e se déploient à droite et à gauche en faisant semblant de vouloir tourner le bois des deux côtés. Devant ce mouvement, les Prussiens évacuent assez rapidement leur position. Quand nous arrivons en avant du bois, on ne tire plus. Les Prussiens ont déguerpi lestement, et on les aperçoit au loin sur la route d'Amiens, dont on voit la cathédrale. Faute de cavalerie, on ne poursuit pas l'ennemi, qui a laissé neuf morts, mais a enlevé tous ses blessés. On laisse trois compagnies de notre bataillon de grand' garde dans le bois, jusqu'à neuf heures du soir, puis seulement une pour la nuit, celle de M. Pouzet.

Mercredi 21 *septembre*. — Deux nouvelles compagnies sont parties avant le jour renforcer la compagnie de grand' garde, car on s'attend à une attaque sur toute la ligne, aujourd'hui ou demain. Les Prussiens agissent généralement dans l'ordre suivant : d'abord une reconnaissance de cavalerie pour bien reconnaître le terrain et la position de l'ennemi ; puis forte reconnaissance d'infanterie, accompagnée de cavalerie et appuyée d'artillerie, afin de reconnaître la force des troupes d'occupation ennemies ; enfin grande attaque.

Je pars au point du jour, pour les avant- postes. Il fait un froid vif : les soldats n'ont pas le droit de faire du feu, aussi ils viennent de passer une nuit assez désagréable ; mais ils se sentent en présence de l'ennemi et ne se plaignent pas. Ce sont cependant de jeunes conscrits de la classe 1870. Nous voyons des hulans tourner tout autour de nous, à distance, cependant. Une colonne sort d'Amiens et semble d'abord se diriger sur nous ; mais elle disparaît à gauche, allant sans doute sur Corbie.

Un peloton de hulans se porte sur la route d'Amiens à notre bois. Quelques maisons isolées, situées à cinq cents mètres environ du bois, sont occupées par quelques-uns de nos hommes qui ont pour consigne de laisser approcher les hulans aussi près que possible avant de tirer. Le groupe principal s'arrête hors de portée : deux cavaliers s'en détachent et viennent caracoler autour des maisons, s'en rapprochant et s'en éloignant alternativement.

A un moment donné, une décharge part des maisons. Un cavalier chancelle, mais tous deux se sauvent et se réfugient dans une maison hors portée. Nous les croyions manqués, mais deux jeunes gens qui avaient couché dans la maison où les Prussiens se sont réfugiés, nous apprennent, en se sauvant vers nous, que l'un vient d'expirer, que l'autre est blessé, ainsi que les deux chevaux. Le peloton vient les rejoindre rapidement, et ils déguerpissent plus rapidement encore.

Je reviens à Querrieux au moment où on sonne la marche du régiment. Il paraît que nous allons reconnaître la place de bataille que nous devons occuper, dans le cas où les Prussiens viendraient nous attaquer dans nos positions. Nous faisons donc une répétition avant la vraie représentation. Nous traversons la Lue, puis Pont-Noyelles et allons nous situer à droite de Lahoussoye. Nous posons là pendant une heure, par un froid intense, puis nous rentrons à nos cantonnements.

Jeudi 22 décembre. — Nous devions recommencer notre répétition d'hier ; mais il y a contre-ordre et nous restons tranquilles toute la journée.

Vendredi 23 décembre. — BATAILLE DE PONT-NOYELLES. — L'ennemi est signalé vers neuf heures du matin ; on sonne la marche du régiment à neuf heures et demie.

A dix heures, nous entendons les coups de fusil de notre compagnie de grand' gardes dans le bois. On laisse dans le village une deuxième compagnie (Magnié), pour soutenir la première et tenir quelques instants dans le village de Querrieux, jusqu'à ce que les troupes soient placées en arrière de la Lue. Nous partons avec les trois autres compagnies, traversons Pont-Noyelles, et allons nous établir sur un promontoire qui domine ce village.

Notre ligne de bataille s'étend depuis Corbie à gauche jusqu'à Montigny à droite.

La position avait été habilement choisie par le général Faidherbe. L'armée du Nord, composée de trois divisions, occupait trois promontoires dominant la vallée de la Lue et les hauteurs placées de l'autre côté.

L'ordre général de la bataille avait été d'abandonner tous les postes en avant de la rivière et de défendre les hauteurs. La compagnie commandée par M. Mauss et qui avait engagé le feu dans le bois se replia lentement sur Querrieux. Là elle tint avec la compagnie de M. Magnié aussi longtemps que leur retraite ne fut pas menacée par l'ennemi. Il n'était que temps ! certaines rues étaient déjà occupées par l'ennemi sur leurs derrières. Enfin, après avoir cherché un passage, grâce au sang-froid du lieutenant Magnié, le pont fut occupé par quelques-uns de ses hommes jusqu'à ce que tout le monde eût passé. Les deux compagnies traversent Pont-Noyelles et viennent se placer en tirailleurs sur le flanc de la colline, à 800 mètres à peu près de Pont-Noyelles, et restent couchées dans cette position.

Les batteries ennemies ont déjà commencé le feu ; immédiatement les nôtres leur répondent. Une batterie que nous avons à notre gauche nous attire les obus prussiens.

Les blessés commencent à m'arriver. Je me place un peu en arrière du bataillon, derrière un petit talus. Le premier blessé est le lieutenant Mauss, auquel j'extrais une balle qui s'est logée en arrière de la malléole interne du pied gauche, en contournant l'articulation sans l'entamer. Je panse une dizaine de blessés. Mais une batterie prussienne qui veut démonter une nouvelle batterie de notre côté, placée juste en face de nous, nous envoie une dégelée d'obus rasant la terre et qui m'empêche de faire les pansements, car même étant à genou, la tête dépasse encore le talus, et il est impossible de voir si cette pluie désagréable va bientôt cesser. Je me retire un peu à gauche et en arrière. Bientôt cependant le tir de la batterie allemande s'étant rectifié, nous pouvons revenir derrière le bataillon. La compagnie de M. Magnié vient à l'emplette de nouvelles cartouches, car elle a usé toutes les siennes.

Vers quatre heures, sur la ligne des tirailleurs et du centre, au moment où on changeait les compagnies, il y a un moment d'hésitation et même de recul; mais la ligne se rétablit promptement. Les Prussiens, profitant de ce mouvement en arrière, avaient quitté leur abri dans Pont-Noyelles et s'avançaient en ordre à l'assaut du promontoire. Mais ils sont reçus par un feu très-vif et ils sont obligés de battre en retraite. A ce moment, on avait vu les généraux de brigade venir eux-mêmes derrière les tirailleurs ranimer la confiance des soldats.

En arrière, se passait une scène d'un autre genre. Les mobilisés du département du Nord avaient été équipés magnifiquement par le département, qui avait fait de grands sacrifices. Ils avaient des chassepots. Au moment où cet instant d'hésitation dont je viens de parler, s'était produit, on avait donné l'ordre de les faire avancer. On voyait qu'ils arrivaient lentement et comme à regret; mais ils arrivaient. Au moment où ils se trouvaient dans la ligne de feu, le premier obus et le sifflement des premières balles eurent un effet surprenant. On les vit se sauver immédiatement, les officiers en tête, eux que nous admirions dans les cafés de Lille, quelques jours auparavant. Ils étaient cependant bien beaux sous leurs brillants uniformes, avec leur large ceinture rouge (beaucoup la mettaient sur leur tunique et y passaient leur révolver)! Ils allèrent se sauver dans un bois où ils s'aplatirent comme des lièvres.

Un officier de cavalerie, furieux, tira quelques coups de révolver sur des officiers mobilisés qui se sauvaient les premiers; il les manqua, mais ils ne s'en sauvèrent que mieux. Il fallut les menacer de les tirer au jugé dans le bois pour les faire déguerpir, mais toujours pas du côté des balles.

La retraite des Prussiens dans Pont-Noyelles excite nos soldats.

Le clairon des chasseurs placés à notre droite sonne la charge à la baïonnette sur le village. Ceci dépassait la ligne de conduite que l'on s'était imposée : défendre les hauteurs. Mais on a vu les Prussiens repoussés toute la journée et sur toute la ligne ; l'ardeur est sans égale et les chasseurs marchent bravement à l'attaque du village.

Les Prussiens sont bien barricadés et tuent beaucoup de monde aux chasseurs ; leur commandant est blessé. La nuit arrive, sombre à ne pas se distinguer à quelques pas. Les chasseurs s'acharnent à prendre le village ; mais les Prussiens tiennent bon. Du reste, il y a un encombrement qui fait qu'on ne sait plus sur qui l'on tire. Notre bataillon était descendu à gauche de Pont-Noyelles. Je me trouvais à sa droite et en arrière d'un autre bataillon du même régiment, quand tout à coup un bataillon de mobiles, voyant confusément du mouvement de notre côté, nous tire dessus avec frénésie en nous prenant pour des Prussiens. C'est une grêle de balles ; nous sommes obligés de nous mettre à plat ventre, en attendant que les clairons, par la sonnerie de « cessez le feu » aient fait comprendre à ces enragés mobiles que nous n'avons pas l'envie de nous laisser tuer bêtement comme cela.

Le feu a cessé également dans le village, et tout le monde est persuadé que Pont-Noyelles est occupé par les Français. Au bout d'une heure d'attente, ne recevant pas d'ordre, le capitaine-commandant Audibert se décide à aller en chercher à Pont-Noyelles. Il ne revient plus, les Prussiens l'ont fait prisonnier avant qu'il ait pu se reconnaître. Le général Faidherbe lui-même faillit être victime de la même erreur, nous dit-on.

L'ordre arrive d'aller camper sur les positions défendues pendant la journée, à la place même que l'on a occupée pendant la bataille.

Nous remontons sur les hauteurs, et dans ce trajet, la nuit est tellement noire que je perds le 33e de ligne. Je me décide alors à aller passer la nuit à Lahoussoye. Je couche dans un grenier à foin. Il fait un froid intense — 8° au-dessous de zéro. J'ai froid, mais je plains encore plus les troupes qui sont obligées de bivouaquer en plein air sans bois.

Je dors très-peu tranquille, parce que j'ai peur que les troupes ne fassent un mouvement pendant la nuit, soit en avant, soit en arrière.

Samedi vingt-quatre Décembre. — Je pars au point du jour et vais à notre place de bataille où je retrouve quelques débris de compagnies. Petit à petit on se réunit et on fait l'appel. Il ne manque en fait d'officiers que MM. Mauss, blessé hier, et Audibert qui a décidément disparu ; il manque 200 hommes au bataillon.

De huit heures du matin à deux heures de l'après-midi on présente inutilement la bataille aux Prussiens. On leur tire des coups de canon, ils ne répondent pas ; nos tirailleurs envoient quelques balles sur Pont-Noyelles, on leur répond par quelques balles et c'est tout.

Pendant ce temps là un de mes confrères m'offre un beefteack de cheval ; il n'est pas mauvais. Heureusement que notre cuisinier est allé aux emplettes à Corbie, d'où il nous rapporte des côtelettes, du pain frais et du vin.

Le pain des soldats ainsi que le biscuit était gelé, et on ne pouvait l'entamer.

A deux heures, on reçoit l'ordre de partir ; nous allons nous porter en arrière afin de reposer et ravitailler les troupes épuisées de fatigues et de privations. Nous prenons notre rang dans la brigade et la division, comme si nous allions à l'ennemi et nous marchons tranquillement sans être inquiétés par les Prussiens.

Nous arrivons pendant la nuit à huit heures dans un misérable village du nom de Bresle, de deux cents habitants où nous sommes cantonnés trois mille soldats. Nous sommes logés, le lieutenant Dumas et moi dans une ferme avec cent soldats. Le personnel de l'établissement, se compose de deux hommes âgés et aveugles et d'une femme sourde qui se met à pleurer chaque fois qu'on lui demande quelque chose. Nous pouvons obtenir une soupe au lait; nous faisons réchauffer une côtelette froide et nous avalons un litre de vin chaud, et voilà notre réveillon. Comme lit, nous partageons, nous deux M. Dumas, une paillasse très-dure, mais très-étroite.

Vingt-cinq Décembre 1870. — Départ à six heures du matin par une température très-froide. Nous sommes cantonnés aux Essards, petit bourg dépendant de Buquoy. Nous y sommes parfaitement reçus par la population. Je suis logé chez un vieux garçon très-gai, qui nous fait manger d'un pâté de lièvre qui était destiné au général Lecointre et qui n'en est pas plus mauvais pour cela.

Vingt-six Décembre. — A neuf heures, ordre de départ. Nous formons l'arrière-garde de notre division ; on laisse en arrière une compagnie déployée en tirailleurs ; nous sommes suivis par les hulans. En effet, vers Boileux, nos tirailleurs aperçoivent deux escadrons de cavaliers, s'arrêtent, s'embusquent et en délogent un ; les autres disparaissent. Nous arrivons devant la porte de Ronville d'Arras vers quatre heures, espérant entrer dans cette ville ; mais vain espoir, on nous la fait contourner et on nous envoie à Willerval à douze kilomètres d'Arras. Nous y arrivons à huit heures.

Je suis logé chez M. Bruneau le chatelain du village. Nous y trouvons une hospitalité magnifique et une aimable réception.

Vingt-sept Décembre. — Je vais faire une reconnaissance personnelle jusqu'à Arras. De retour à Willerval à quatre heures, nous recevons l'ordre de partir à cinq heures pour *Plouvain* à dix kilomètres plus loin.

Nous faisons encore un bon souper et nous partons la nuit par la neige. Nous arrivons à neuf heures du soir dans ce petit village de trois cents habitants où sont déjà cantonnés les chasseurs, le 91e et une batterie ; aussi peut-on difficilement trouver un logement.

Enfin le maître d'école nous cède sa chambre et son lit pour le commandant d'Augustin qui vient de nous rejoindre M. Dumas et moi. Nous dédoublons le lit ; nous couchons, nous deux Dumas, sur la paillasse.

Le lendemain nous y installons note popote et nous restons à Plouvain jusqu'au 31 décembre.

Ce séjour fut marqué d'abord par une forte reconnaissance en avant d'Arras le 30, et par l'arrivée du capitaine Audibert qui vient de s'échapper une deuxième fois des mains des Prussiens. Comme nous le supposions, il avait été fait prisonnier dans Pont-Noyelles le soir de la bataille. Emmené du côté d'Amiens, les soldats servant d'escorte s'arrêtèrent à Breteuil le 24 décembre et s'établirent avec leurs prisonniers chez les frères des écoles chrétiennes pour y faire le réveillon de Noël, qui, tout le monde le sait, est une grande fête pour eux. Les habitants apportèrent des vivres pour les prisonniers et pour l'escorte. Alors le capitaine dit à l'un d'eux de lui cacher à son premier voyage un costume de paysan au fond de son panier, ce qui fut fait. Quelques minutes après, le faux paysan sortait un panier à son bras. Mais la sentinelle ne voulait pas le laisser passer. Cependant la promesse de revenir bientôt chargé de nouvelles provisions pour les camarades fit lever la consigne.

Le capitaine Audibert, au lieu de retourner à l'école, quitta immédiatement le pays, prit une direction qui l'éloigna des lignes prussiennes. Mais là, une autre difficulté l'attendait ; partout où il allait, l'histoire de son évasion n'était pas crue, et souvent on le prit pour un espion. Enfin il parvint en allant jusque près d'Abbeville à trouver un pont sur la Somme non occupé par les Prussiens.

En arrivant, il trouva un nouveau commandant, et redevint simple capitaine de compagnie.

TROISIÈME PARTIE

Béhagnies. — Bapaume.

Le 31 décembre, nous avions été transférés du 22e corps au 23e de l'armée du Nord. Le 23e corps était commandé par le général Paulze d'Yvoi.

Le 1er *Janvier*, nous pûmes déjeuner à Arras, les capitaines Audibert, Basset et moi, puis le soir nous étions cantonnés à Guémappe. Nous sommes logés chez le maire, qui est un riche cultivateur. Il nous reçoit aussi bien que possible. Mais il a le malheur d'avoir un fils dans les mobiles à Péronne : ce fils a déjà été racheté une fois, et cependant il a été obligé de partir. Aussi il nous répète cela continuellement et sur tous les tons. Je lui raconte que nous sommes trois frères, et que tous trois nous sommes partis, quoique mes deux frères aient été rachetés. Mais il ne comprend pas la peine des autres, et ne voit que la sienne. Puis la récolte des betteraves le préoccupe beaucoup. Enfin, tant que la guerre n'a pas menacé son fils (les Prussiens entourent Péronne) ni son champ de betteraves, tout lui paraissait peu de chose, mais maintenant la guerre est criminelle. Si je m'étends un peu longuement sur les opinions de ce brave homme, c'est que nous les rencontrons partout dans le Nord. Certes, les départements de cette contrée sont des plus riches de France ; aussi les intérêts matériels y dominent partout. Je ne veux pas dire qu'il n'y ait pas eu de nobles exceptions, mais le patriotisme nous a paru très-pâle dans tout le Nord. Nous ne trouvions nulle part d'encouragement dans les campagnes, et nos soldats n'y entendaient que des paroles de découragement. Cette influence néfaste ne se faisait pas sentir sur l'armée régulière, et cependant nos rangs étaient presque exclusivement composés de conscrits, mais ils étaient fortement encadrés par des officiers énergiques, dont beaucoup s'étaient échappés des capitulations de Sedan et de Metz. Cette mauvaise influence commençait à se faire sentir sur les mobiles qui étaient les plus mauvais marcheurs que l'on puisse trouver. A chaque halte dans un village, on en laissait dans les maisons où ils avaient des connaissances. Aussi beaucoup furent faits prisonniers par les hulans qui nous suivaient, et c'est ainsi que les Prussiens ont plusieurs fois annoncé l'anéantissement de l'armée du Nord, en disant qu'elle fuyait en désordre, laissant de nombreux prisonniers entre leurs mains.

Deux janvier 1871. — Nous partons à sept heures pour nous diriger sur Bapaume. Il est possible que nous rencontrions l'ennemi avant d'arriver à notre cantonnement qui doit être *Gomiécourt.* Nous arrivons jusqu'à Ervillers sans encombre ; mais là nous entendons une vive fusillade qui commence en tête de notre colonne, à un village appelé Béhagnies. Nous marchons sur ce village qu'il faut enlever. Déjà les marins sont dans l'intérieur du village, suivis des mobiles. Mais ils ne peuvent y tenir, parce que les Prussiens retranchés dans les maisons où ils se sont fortement barricadés, leur tuent beaucoup de monde inutilement. Alors le 65e se déploie à gauche du village en menaçant de le déborder. Le bataillon du 33e en fait autant à droite et place une ligne de tirailleurs en croissant à bonne portée de Béhagnies. On maintient ainsi l'ennemi qui essaie en vain de sortir et de nous repousser. La nuit arrive et nous allons cantonner à Gomiécourt, petit village situé à droite de Béhagnies et qui était encore occupé ce matin par les Prussiens. Ceux-ci qui sont restés dix jours dans ce bourg, l'ont complétement dévalisé. La plupart des habitants et surtout les femmes sont partis. Nous sommes logés huit officiers chez le maire ; nous mangeons un horrible rata trop salé, avec de l'eau comme boisson, et nous couchons sur des paillasses ; la maison a été dévalisée de ses vivres et de ses couvertures par les Prussiens.

Trois janvier. — Les Prussiens ont évacué Béhagnies pendant la nuit, et nos troupes l'ont occupé immédiatement.

Nous sommes d'abord placés à droite de Béhagnies ; le brouillard est tellement épais qu'on n'aperçoit rien de la bataille ; on entend seulement le canon ronfler vigoureusement à notre droite : c'est le 22e corps qui opère sur le flanc droit de Bapaume en attaquant et enlevant successivement les villages occupés par l'ennemi.

Nous recevons bientôt l'ordre de traverser Béhagnies et de nous porter à gauche sur Favreuil, village situé à gauche de la route de Bapaume, et qu'il faut enlever. Les chasseurs sont placés au centre, notre bataillon est divisé en deux parties, l'une sous la direction du commandant d'Augustin et qui doit prendre le village à droite, l'autre sous celle du capitaine Audibert, chargée de l'attaque à gauche. Quand nous sommes ainsi divisés, je suis la partie de gauche, qui envoie des tirailleurs faisant mine de tourner le village ; une autre compagnie s'empare du château situé dans un parc, d'où elle déloge les Prussiens. Mais les tirailleurs de gauche aperçoivent encore plus à gauche d'eux, vers un petit village, un gros de cavaliers ennemis ; ils lui lancent quelques coups de fusils, ce qui les disperse. Mais avant tout il faut savoir si ce village est occupé par l'ennemi. On envoie une demi-compagnie commandée par M. Dumas ; celui-ci fait fouiller le village avec précaution ; on n'y trouve plus d'ennemi ; on ramasse sur la route le cadavre d'un des cavaliers sur lesquels on a tiré : c'est un officier supérieur à en juger aux dépouilles que les soldats rapportent. Le petit village devait être occupé depuis le commencement par la division des mobilisés commandée par le général Robin. Mais depuis l'expérience qu'il avait faite de leur solidité à la bataille de Pont-Noyelles, le général Faidherbe avait résolu de ne plus les engager. Cependant ils n'étaient pas inutiles : ainsi dans l'ordination de la bataille, ils devaient se montrer dans le lointain, faisant des marches en bon ordre et semblant menacer la gauche. Nous apercevions en effet à notre gauche, de magnifiques bataillons dont on voyait briller les baïonnettes, et se tenant parfaitement en ordre. En avant, dans un groupe brillant, le général Robin semblait surveiller l'ennemi. Les Prussiens, qui mettaient toujours en réserve leurs meilleures troupes, prenaient nos mobilisés pour de solides soldats, et n'osaient trop s'aventurer.

Pendant ce temps, les chasseurs et les compagnies du 33e détachées, entraient par la droite du village. On aperçut bientôt les Prussiens fuyant à toutes jambes hors du village. Le village de Favreuil était enlevé, et les compagnies de notre bataillon rassemblées allèrent se placer en avant du village. Nous voyons arriver une de nos batteries qui passe à côté de nous. L'officier qui la commande nous dit qu'il va prendre une batterie ennemie d'écharpe : nous ne demandons pas mieux ; mais à peine commence-t-il à installer ses hommes en avant de nous, que nous sommes accablés d'une pluie d'obus. Il y a au moins une douzaine de canons prussiens qui tirent sur la batterie, et par conséquent sur notre bataillon, à toute volée, pour protéger la retraite de leurs troupes. On dirait qu'ils tirent de rage. Nous n'avons que le temps de nous garer en inclinant à droite et en arrière : un obus n'attend pas que l'autre ait éclaté : ça nous siffle autour de la tête, dans les jambes, à ne pas s'y reconnaître. La batterie française a perdu sept à huit hommes, tués ou blessés, et des chevaux, avant d'avoir pu tirer un seul coup ; aussi est-elle obligée de battre en retraite, ce qui fait immédiatement taire la canonnade prussienne. Bientôt la nuit vient : nous retournons nous loger au château. Les Prussiens ont fait là comme partout ; ils ont tout visité, enfoncé les portes, répandu le linge, pris ce qui leur a plu, enlevé les couvertures des lits, etc., etc. Les habitants sont sans vivres. Ils nous offrent du vin, nous offrons du pain et du mouton.

Nous couchons, nous deux le commandant, entre deux matelas.

Quatre janvier 1871. — Vers deux heures du matin, on nous avait donné l'ordre de nous disposer à aller à Bapaume, que les Prussiens se sont hâtés d'évacuer. Mais à six heures, il y a contre ordre, et nous retournons vers Arras. C'est encore une marche qui rentre dans le plan général de Faidherbe. Avec son armée, il ne peut pas espérer culbuter bien loin les Prussiens, qui reçoivent des secours rapides de tous côtés. Il ne peut que les amuser et les attirer aussi loin et aussi nombreux que possible de Paris. Nous revenons donc près d'Arras. Nous sommes cantonnés à Hénin-sur-Cojeul, en arrière d'une petite rivière de ce nom, où nous restons jusqu'au 8 janvier à nous refaire.

Pendant que nous sommes là, nous lisons avec stupéfaction dans les journaux, une dépêche du général Von Goeben, qui annonce qu'il vient de disperser l'armée du Nord, et que celle-ci n'existe plus ! Nous espérons bien lui faire sentir le contraire à la première occasion.

QUATRIÈME PARTIE

Combat de Vermand. — Bataille de Saint-Quentin.

Le 8 janvier, nous recommençons notre mouvement en avant. L'armée du Nord se divise en 22e corps et 23e. Le 22e corps se compose de deux divisions à deux brigades chaque. Une brigade se compose généralement : 1° d'un régiment d'infanterie ; 2° d'un régiment de mobiles ; 3° d'un bataillon de chasseurs ou de marins ; 4° d'une batterie de 4 ou de 12.

Le 22e corps est commandé par le général Lecointre.

Le 23e corps, dont je fais partie, se compose d'une division, que j'appellerai régulière, et de la division des mobilisés dont j'ai indiqué le rôle plus haut, rôle qu'ils ont joué jusqu'à la fin. Le 23e corps est commandé par le général Paulze d'Yvoi. Le général qui commande notre division est un marin du nom de Payen ; notre brigade est commandée par un ex-capitaine de vaisseau, nommé colonel de mobiles, faisant fonctions de général de brigade,

On a beaucoup exagéré le nombre des soldats de l'armée du Nord, et les Prussiens l'ont porté dans leurs rapports au nombre de cinquante à soixante mille hommes. Jamais nous n'avons eu plus de vingt à vingt-cinq mille combattants. Nous avons déjà vu qu'il ne fallait pas compter les mobilisés comme combattants. Or, en mettant au maximum les régiments, nous trouvons par brigade :

1,500	hommes	d'infanterie ;
1,500	—	de mobiles ;
500	—	de chasseurs ou marins ;
200	—	d'artillerie.
3,700 en tout.		

Le 22ᵉ corps, comptant 4 brigades, possédait donc 14,800 hommes, plus 500 hommes de cavalerie, en tout 15,300 hommes, et le 23ᵉ corps 7,400 hommes. Le total de l'armée du Nord serait donc, en mettant tout au complet, de 22,700 hommes ou 23,000 à peu près.

Le 8 janvier, nous cantonnons à *Hamelincourt*, le 9 également. Nous apprenons ce jour-là la reddition de Péronne.

Le 10 janvier à *Courcelles*. Le 11, nous entendons une fusillade vers Behagnies : c'est la brigade

Derogeat qui surprend et enlève un poste important de Prussiens. Reconnaissance à Achiet ; mais les Prussiens ont déménagé à deux heures du matin.

Le 12 janvier, nous avançons vers Bapaume et nous allons nous cantonner à Grévillers. Les Prussiens évacuent ces villages au fur et à mesure que nous avançons.

Dans ces pays, nous apprenons que le jour de la bataille de Bapaume, les Prussiens se sauvaient de tous côtés en montrant la plus grande frayeur de l'armée du Nord. Le nom du général Faidherbe était l'objet de leur admiration et de leur crainte ; et son armée, toujours anéantie d'après leurs rapports et toujours renaissante, leur avait enlevé de leur sûreté et beaucoup de leur courage en leur faisant perdre l'habitude d'être toujours victorieux. Après la bataille de Bapaume, ils furent très-étonnés de ne pas être poursuivis pendant leur débandade. C'est sans doute pour réparer l'effet moral produit sur ses troupes que le général Von Goeben éprouva le besoin de faire ce rapport étonnant du résultat de la bataille.

Le 14 *janvier*, nous partons à huit heures du matin pour Le Sars, petit hameau sur la route d'Albert. En route nous rencontrons un jeune homme qui nous dit chercher son frère. Il nous semble suspect ; il nous prête un numéro de l'*Indépendance belge*, dans lequel nous lisons que le bombardement de Paris est commencé, que les habitants commencent à réagir contre l'inaction de Trochu, dans lequel ils avaient mis jusque là leur confiance, et demandent à grands cris à sortir. Là, en effet, est le salut ; nous attendons tous les jours cette bonne nouvelle, et c'est ce qui soutient le courage des troupes.

J'apprends le même jour, par un officier des environs de Langres, qui vient de recevoir une lettre, qu'il y a un préfet prussien à Chaumont (Haute-Marne) et que l'on s'est battu autour de Langres et surtout à Nogent. Je n'ai pas reçu de nouvelles depuis deux mois ; mes deux frères sont dans les mobilisés, et Nogent, où j'étais établi, vient d'être le théâtre d'un combat. On comprend combien toutes ces nouvelles me mettent dans l'inquiétude. Dans la maison où nous sommes logés à Le Sars, nous trouvons un vieillard à cheveux blancs qu'un blanc-bec de Prussien a forcé de cirer ses bottes par fanfaronnade. Le beau courage !

Nous passons encore la journée du 15 dans le même cantonnement. Il neige et gèle très-fort.

Lundi 16 *janvier*. — Ordre de partir à sept heures et demie du matin ; mais il commence à tomber une pluie fine et froide, qui, en dissolvant la couche superficielle de la glace et se congelant presque immédiatement, produit un verglas très-difficile à l'artillerie dont les chevaux ne sont pas ferrés à glace. Aussi, dans chaque village où nous passons et où le verglas est encore plus abondant que sur les routes, nous stationnons des heures entières et la pluie continue toujours.

Bientôt la pluie a tellement fondu la neige que les ruisseaux deviennent des torrents. Dans un village, nous sommes obligés de passer un à un sur une passerelle. On comprend combien nous sommes retardés. La nuit arrive et nous sommes encore à trois lieues de notre cantonnement, qui doit être Eudicourt.

Nous nous engageons dans un chemin à travers champs ; les soldats enfoncent dans la boue, puis entrent dans l'eau jusqu'aux genoux. Pendant cette course folle à travers les champs boueux, au milieu d'une nuit sombre, on marche un à un, et la seule manière de suivre, c'est d'appeler dans l'ombre les camarades qui marchent en avant. Enfin nous arrivons à Eckancourt ; mais là le passage est barré par une rivière qui déborde, et nous sommes obligés de nous arrêter. Le village est déjà occupé par une partie du 22e corps, ce qui fait que nous sommes à l'étroit. Dans une grande ferme nous sommes logés le 33e, un bataillon de chasseurs et une batterie, en tout mille six cents hommes. Ces pauvres soldats sont mouillés et ne peuvent pas faire de feu pour se chauffer. Quant aux distributions on comprend qu'elles sont impossibles. Pour nous, officiers, nous trouvons au moins du feu ; mais nous sommes entassés.

Mardi 17 *janvier*. — Nous suivons encore des chemins défoncés et remplis d'eau et de boue, et nous arrivons le soir à Gencourt. Nos soldats ont assez bien supporté jusqu'à présent cette marche fatigante et nous avons peu de malades.

Mercredi 18 *janvier*. — Départ à dix heures du matin, quoiqu'on soit sur pied depuis six heures. Nous partons pour Saint-Quentin. Nous traversons *Vermand* à midi, et nous le dépassons. Mais bientôt nous entendons le canon en arrière de nous. Nous sommes obligés de rebrousser chemin. La route étant encombrée par la queue de la colonne et par les bagages, nous sommes obligés de passer dans les champs boueux. Les soldats ont de la boue jusqu'à

6

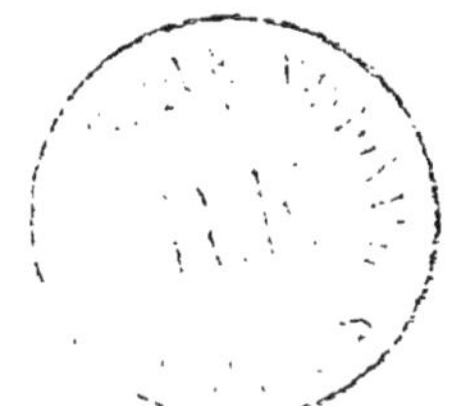

la cheville ; les sous-pieds se détachent et les souliers restent en terre. Du reste ces souliers qui, cependant, ont été renouvelés il y a quelques jours, ne valent rien du tout : les semelles sont déjà usées au bout de trois jours de marche. Les semelles contiennent du carton. Les Prussiens veulent, dit-on, nous inquiéter sur nos derrières et nous empêcher d'arriver à Saint-Quentin. Nous traversons donc Vermand une seconde fois, et allons nous placer en avant et à droite d'un village que nous venons de quitter et que les Prussiens veulent occuper. Nous sommes sur une grande plaine parfaitement à découvert. Bientôt les obus commencent à tomber de tous côtés. Le premier vient éclater en avant du front du bataillon, au milieu d'un groupe, que je prends d'abord pour celui des officiers avec lesquels je venais de causer quelques instants ; mais, en arrivant, je constate que c'est au milieu d'un groupe de clairons. L'un a une jambe broyée et l'autre seulement une forte contusion du cou et la lèvre supérieure fendue. Mais les obus deviennent de plus en plus nombreux, car l'ennemi doit parfaitement apercevoir les mouvements des troupes. Une compagnie est placée à portée du pays en tirailleurs, de manière à surveiller le village et d'empêcher les Prussiens d'en sortir. Puis, comme l'ennemi semble vouloir tourner par la droite, les autres compagnies vont à droite dans une ferme. On tiraille toute l'après-midi jusqu'à la nuit. Les Prussiens ne peuvent avancer. La nuit venue, on voit brûler le village placé devant nous ainsi que la ferme de droite : le feu a été mis par les obus de l'ennemi. En voyant les soldats manœuvrer vis-à-vis des flammes, on croirait voir des ombres chinoises, et l'effet en est saisissant. Le but de l'ennemi, celui de nous empêcher d'aller à Saint-Quentin, n'étant pas rempli, on donne l'ordre à toutes les troupes de prendre le chemin de cette ville. Comme les hommes du 33e sont éparpillés, je vais me placer sur la route qui traverse Vermand afin d'être sûr de les voir passer. Je trouve là le commandant avec quelques hommes du 33e et une partie du 65e. Nous nous faufilons dans la colonne et allons à Saint-Quentin, où nous arrivons très-tard. Nous sommes obligés de rester dans les faubourgs, où nous trouvons difficilement à coucher.

Jeudi 19 *janvier*. — BATAILLE DE SAINT-QUENTIN. — Nous retrouvons tout notre bataillon au commencement des faubourgs. L'effectif est bien diminué, mais surtout les hommes sont très-fatigués. Ils ont combattu presque toute la journée hier ; puis de Vermand à Saint-Quentin, ils ont fait la nuit une marche longue et fatigante. Nous voyions des soldats se coucher sur des tas de pierres et ne pouvoir plus aller plus loin, malgré la crainte d'être ramassés par les Prussiens. A Saint-Quentin, ils avaient trouvé difficilement à se loger, et comment? Le matin, on n'avait pas encore eu le temps de faire de distributions de vivres. Pendant qu'on renouvelle les cartouches, nous entendons déjà la fusillade et la canonnade ; c'est le 22e corps qui est déjà aux prises avec l'ennemi de l'autre côté du canal. Bientôt on nous envoie à gauche de la route de Vermand, sur les hauteurs qui dominent cette route ; puis nous marchons en avant : il est dix heures du matin. On envoie la compagnie de M. Dumas, puis celle de M. Basset en tirailleurs droit sur un village placé en avant de nous. On ne sait s'il est occupé par l'ennemi. Comme les tirailleurs inclinaient trop à gauche, me voyant à cheval, le capitaine Audibert, qui a pris plus spécialement le commandement du 33e, car le commandant d'Augustin est aussi chargé du 65e, m'envoie leur dire d'aller plus à gauche. Les Prussiens nous laissent arriver à portée et nous reçoivent par une décharge bien nourrie. Je retourne alors à mon poste, c'est-à-dire auprès du reste du bataillon.

Les blessés commencent à arriver : je les panse dans un chemin creux qui est immédiatement assailli par des obus que les Prussiens dirigent sur une batterie placée à côté de moi.

Le combat se maintient longtemps dans cette situation ; nos tirailleurs, ainsi que les mobiles à droite, et le 65e à gauche, ne perdent pas un pouce de terrain. La batterie de notre brigade, commandant Alphen, est admirable. Elle tire avec beaucoup de précision et de régularité, malgré le feu de l'ennemi, qui, bien dirigé, lui fait beaucoup de mal. Ce n'est que lorsqu'il ne lui reste plus que juste assez de chevaux et de matériel pour emmener les pièces qu'elle quitte la place, et encore ce n'est que lorsque le mouvement général de retraite commence.

Vers deux heures, l'ennemi commence à tourner vers la droite d'une façon très-sensible. Cette partie était défendue par une colonne volante qui avait enlevé Saint-Quentin quelques jours auparavant. Il y avait là le 3e de ligne, dont nous voyons bientôt arriver les fuyards. L'aile droite faiblit, nous dit-on, d'une façon inquiétante. Nous risquons d'être tournés par la droite et d'être ainsi coupés sur nos derrières dans notre ligne de retraite, qui doit être Saint-Quentin et Cambrai. Pendant ce temps, le

22e corps engagé de l'autre côté du canal, après avoir bien tenu jusque-là, commence à battre en retraite avec régularité, et nous voyons très-bien ce mouvement, d'après la position des batteries.

A trois heures et demie, notre division qui a très-bien tenu jusqu'ici, est obligée de se replier en arrière, afin de ne pas faire éperon sur le champ de bataille.

Les deux compagnies qui avaient été envoyées en tirailleurs se replient lentement ; elles ont déjà perdu pas mal de monde. Le capitaine Dumas a reçu une balle qui lui a produit un séton du scrotum ; le capitaine Basset a eu la cuisse traversée avec fracture comminutive du fémur à son tiers supérieur ; un lieutenant a une plaie contuse de la jambe.

Le capitaine Audibert envoie deux compagnies se placer en tirailleurs à droite et à gauche du chemin qui conduit du village occupé par l'ennemi à Saint-Quentin, afin de protéger la retraite. Je vais dire à un officier du 3e de ligne d'en faire autant avec sa compagnie, tout à fait à droite ; de cette manière on tient encore une heure ; mais nous voyons très-bien les tirailleurs ennemis avancer lentement sur toute la ligne, et bientôt une batterie prussienne vient se placer en avant du village ; de sorte que le reste des troupes qui se trouve encore sur le champ de bataille primitivement occupé est à découvert. Elles s'engagent dans le chemin ; les Prussiens tirent sur cette colonne en désordre, mais tirent assez mal, ce qui fait qu'ils lui font peu de blessés. Quand la place est à peu près évacuée, nous battons aussi en retraite. Notre général de brigade avait reçu l'ordre de tenir quand même, afin d'empêcher les Prussiens d'entrer à Saint-Quentin avant la nuit, et de permettre ainsi au reste de l'armée de battre en retraite sur Cambrai. Le général veut d'abord essayer de faire revenir les troupes sur la plaine qu'ils viennent de quitter; mais elles sont trop fatiguées, et ont conscience de leur faiblesse, aussi faut-il se contenter de tenir en avant des faubourgs. C'est ce que l'on fait. Le capitaine Audibert rassemble ce qu'il peut du 33e et des autres troupes mêlées, et occupe le haut du chemin creux qui mène au faubourg Saint-Martin. Là on maintient l'ennemi jusqu'à cinq heures et demie, c'est-à-dire jusqu'à la nuit sombre. Pendant ce mouvement de recul, je me trouvais complètement inutile comme médecin. Je tâchai de me rendre utile en amenant des soldats et en allant chercher des ordres.

Au commencement de la nuit, les Prussiens

avaient commencé de bombarder Saint-Quentin. Le bombardement continua jusqu'à l'entrée de leurs propres troupes dans la ville. Ils voulaient ainsi se venger de la prise de Saint-Quentin quelques jours auparavant, par la colonne volante dont j'ai parlé plus haut. Plusieurs incendies se déclarèrent, entre autres celui de l'usine à gaz. Voyant que l'ennemi ne tire plus sur nous et n'essaie pas d'avancer de notre côté, nous quittons notre poste en silence et venons nous réunir à quelques troupes qui gardaient les avenues voisines. Nous nous dirigeons sur le boulevard qui doit nous conduire à Cambrai. Arrivés à un carrefour, nous y trouvons le général Paulze d'Yvoi avec son état major, cherchant à rassembler les derniers débris de son corps, afin de suivre le reste de l'armée. De temps en temps, quelques balles sifflent autour de nos têtes, sans que nous entendions la détonation. Il me semble entendre le sifflet des officiers Prussiens dans plusieurs directions autour de nous, comme si l'on voulait nous entourer. J'en préviens le colonel Marchand, chef d'état major du général, à qui il transmet ces craintes. Le général n'y veut pas croire d'abord. Cependant pour s'en convaincre, il envoie le capitaine Audibert en avant avec ce qu'il a de soldats, pour éclairer la route. Nous faisons deux cents pas dans le boulevard, mais nous sommes accueillis presque à bout portant, par une fusillade qui part des portes et fenêtres des maisons qui bordent le boulevard. Il s'en suit un léger mouvement de recul dans les soldats ; on fait mettre baïonnette au canon, et nous essayons encore de passer ; mais une deuxième fusillade nous arrête, et les soldats exténués, plongés dans une obscurité profonde, ne veulent plus avancer ; les rues adjacentes sont occupées ainsi que nos derrières, comme je l'avais prévu. Nous sommes entourés d'un cercle de feu, sans connaissance des lieux, sans ordres, aussi est-on obligé de se rendre. Nous sommes bien là, tant de la ligne que des mobilisés, un millier d'hommes.

En entendant la décharge qui accueillit notre marche en avant, le général et son état-major purent encore s'esquiver par une petite rue que leur indiqua un habitant. L'ordre de les suivre fut-il donné pour nous, sans nous parvenir, ou bien nous laissa-t-on sans nous indiquer cette rue, le fait est que, lorsque nous voulûmes revenir en arrière, il n'était plus temps.

Il était à peu près six heures et demie lorsque nous nous rendîmes. On nous conduit pêle-mêle dans la cathédrale où on nous entasse. Pendant le trajet, un soldat me prit mon cheval, sous prétexte de le conduire ; mais bientôt je le vis s'éloigner petit à petit, malgré mes réclamations, et quelques minutes après, je voyais un officier prussien l'essayer.

Pendant qu'on parlementait pour se rendre, nous avions préparé l'évasion du capitaine Audibert, qui se sauvait ainsi pour la troisième fois des mains des Prussiens.

Après quelque temps de séjour à la cathédrale, on en fait sortir les officiers pour nous conduire à la mairie, où nous couchons sur le parquet, après avoir mangé un morceau de pain avec du saucisson et un verre de vin, le tout fourni par la ville.

Vingt Janvier. — La nuit a été mauvaise, comme toutes celles qu'on passe après une défaite, surtout lorsqu'on se trouve dans les mains de ces Prussiens, et c'est la troisième fois que cela m'arrive depuis le commencement de la guerre. Après avoir réuni tous les prisonniers sur la place de l'église, on nous conduit à l'embarcadère du chemin de fer, car on ne veut pas me lâcher plus tôt. Je vois même le moment où on ne me lâchera pas du tout, car un l'officier qui commande le détachement me répond que mon uniforme et mon brassard ne signifient rien, quoique ce dernier soit timbré de l'intendance. Je lui montre ma feuille de route qu'il n'a pas l'air de comprendre. Enfin nous partons pour la gare ; en route nous sommes croisés par un régiment de cavalerie : ce sont des Saxons.

Ils chantent des chansons contre la France et se moquent de nous ; leurs officiers en font autant. Nous avions tous la rage au cœur de voir cette insolence et ce manque de convenance vis-à-vis des prisonniers qui, après tout, avaient fait leur devoir. Mais comment demander de la générosité à ces sauvages.

A la gare, on me permet enfin de partir avec mes deux ordonnances, mais sans mon cheval.

Je suis placé à l'ambulance du Palais de justice, où nous avons comme médecin en chef M. Hayer ; là je trouve d'anciens camarades, MM. Level et Lucotte.

L'ambulance contient à peu près cinq cents blessés. Nous faisons des pansements le matin et le soir, dans l'intervalle nous faisons les amputations qui malheureusement ne manquent pas. Notre médecin en chef étant tombé malade, notre ouvrage augmente encore ; mais nous y mettons tous nos soins et notre ardeur, et bientôt nous sommes à niveau dans notre travail. Le service se régularise ;

on nous adjoint deux médecins de la garde nationale mobile.

Jusqu'au trente janvier inclusivement, nous continuons ce travail.

Nous avons constaté que les blessés de la garde nationale mobile sont aussi nombreux dans notre ambulance que ceux de l'armée régulière ; ce qui prouve que cette arme s'est bien battue, et que ceux qui prétendent que l'on ne pouvait rien faire de la garde mobile, ont tort. Il fallait savoir s'en servir, voilà tout ; c'est-à-dire la bien organiser, se préoccuper de sa discipline et pourvoir avec le plus grand soin à ses besoins matériels. On y était arrivé dans le Nord en y incorporant des officiers de l'armée régulière et en la faisant commander par des officiers de ligne à qui on avait donné des grades supérieurs à titre provisoire.

Le 31 janvier, nous partons avec un convoi de cent vingt-trois de nos blessés, par voitures de réquisition ; nous devions partir à huit heures du matin ; mais les voitures ne sont prêtes qu'à trois heures et demie du soir.

Les bruits de capitulation de Paris et d'armistice qui avaient circulé ces jours derniers se confirment.

Aussi les Prussiens ne nous taquinent pas du tout

le long de notre route. Après une halte à Origny, nous arrivons à Guise vers huit heures du soir. Nous trouvons là une belle installation dans la salle d'asile et chez le maire pour nos blessés ; chaque malade a son petit lit par terre avec des draps, ce qui est un luxe que nous ne connaissons guère depuis longtemps. Les salles sont bien chauffées et l'on distribue du bouillon et des aliments aux blessés. Nous allons coucher à l'hôtel de la Couronne, après avoir fait les pansements.

Le 1er *Février*, nous partons à huit heures du matin pour Landrecies, où j'arrive à midi. Les Prussiens ont bombardé Landrecies pendant deux heures, le lendemain de la bataille de Saint-Quentin, puis ont levé le siége.

J'ai un billet de logement chez un M. Thoilier, qui revient seulement de Belgique, où il était allé se réfugier. Ce monsieur crie et tempête contre le gouvernement du Quatre Septembre, qui a continué la guerre et surtout qui a pris la place de l'empire. Il avait hébergé le prince Impérial, lorsque celui-ci fuyait après Sedan. Il l'appelle le *pauvre petit*.

En l'entendant me raconter celà, je m'attendais à être reçu d'une façon assez hospitalière. Mais on m'offre un verre de vin et un lit à l'auberge. La bonne était allée m'en retenir un.

Elle m'y conduit; la propriétaire me montre avec confusion un misérable petit lit en fer dans un coin où l'on ne peut se retourner. On lui avait demandé un lit pour un soldat et non pour un officier. Mais la guerre ne nous a pas gâté. Le convoi des blessés arrive à deux heures et demie et on l'expédie au chemin de fer sur Maubeuge.

J'apprends bientôt que mon bataillon est versé au 22e corps dans les environs d'Arras. Je m'y rends le deux février, et le vingt-trois, je trouve notre bataillon à Tilloy. M. Audibert y est enfin comme commandant; il ne l'a certes pas volé [1].

---

[1] J'apprends, au moment de mettre sous presse, que la Commission chargée de la révision des grades vient de le faire rétrograder à son ancien grade de capitaine. Ainsi, voilà un officier qui était capitaine un an avant la guerre, qui s'est échappé de Metz à ses risques et périls après la capitulation; qui a fait toute la campagne du Nord, pendant laquelle, fait deux fois prisonnier, il s'est évadé deux fois; qui a fait la campagne à l'intérieur contre la Commune, et à qui on enlève le seul grade qui lui ait été conféré, probablement parce que la nomination était signée de M. Gambetta, ministre de la guerre.

J'apprends en même temps que le capitaine Procès a été remis lieutenant, et cependant voici ses états de service : *dix-sept ans de service et vingt-six campagnes*. Cet officier a donné sa démission de dépit. Je regrette que la France se soit privée des services de ce brave officier, qui a repris sa natio-

Le bataillon qui était de cent vingt hommes après la bataille Saint-Quentin est complété.

Nous sommes ensuite envoyés à Guémappe où nous cantonnons jusqu'au dix-huit février.

Pendant l'armistice, l'armée du Nord s'était complétement reconstituée, de manière à pouvoir reprendre campagne, si la paix n'était pas signée à la fin de l'armistice. Mais on avait résolu de la joindre à l'armée de l'ouest dans la presqu'île du Cotentin, derrière les lignes inexpugnables de Caren-

---

nalité de Belge, à la suite de l'acceptation de sa démission.

Le capitaine Dumas se trouve également rétrogradé au grade de lieutenant. Il a cependant fait les guerres de Crimée, d'Afrique, d'Italie, du Mexique, s'est échappé de Metz et a fait la campagne du Nord.

Messieurs de la Commission des grades, vous avez été très-sévères ; mais avez-vous été justes ? Je ne le crois pas. Je pense plutôt que des idées politiques ont dominé vos décisions, qui devaient être essentiellement militaires. Vous avez fait rétrograder des officiers qui s'étaient battus pendant onze mois, qui avaient exposé peut-être trente fois leur vie, et vous avez donné des grades à l'ancienneté, à des officiers qui avaient passé six mois en captivité, après s'être battus quelques jours, comme à Sedan, et quelques semaines, comme à Metz. Vous avez reconnu des grades signés par le maréchal Bazaine la veille de la capitulation, ce qui était contraire à tous les principes militaires. Puissiez-vous ne pas nous faire repentir plus tard de votre faute ! Puissiez-vous ne pas avoir jeté dans l'armée des ferments de haine et de discorde ! En tout cas, c'est un mauvais précédent, et la Restauration elle-même, malgré la réprobation dont elle poursuivit l'armée de Napoléon Ier, n'osa pas contester les grades.

tan. Aussi nous sommes dirigés sur Dunkerque pour, là, être embarqués à destination de Cherbourg.

Quoique nous ne soyions pas en campagne pour le moment, je crois cependant devoir relater ici mes impressions pendant ce voyage, à cause des études de mœurs que j'ai cru y faire. Si quelquefois je suis dur pour les Français, c'est que je crois qu'il ne faut pas chercher seulement les preuves de notre patriotisme, celui-ci n'a pas besoin d'être prouvé ; mais qu'il faut aussi montrer nos plaies.

On est tombé dans un excès déplorable dans ces derniers temps. Une foule de livres et de brochures ont été faites pour relater les nombreux méfaits des Prussiens ; c'était justice. Mais si nous cachons nos défaillances, nous allons nous prendre pour parfaits, et ceux qui, pendant la guerre, civils comme militaires, ont manqué gravement à leurs devoirs de patriotes, se rangeraient volontiers dans cette catégorie et se retireraient dans le calme de leurs consciences élastiques, quittes à recommencer à la première occasion.

A la grande halte du dix-huit février, nous sommes dans un petit village dont je regrette d'avoir oublié le nom. Tous les habitants s'étaient barricadés chez eux, et ils refusèrent de laisser entrer les soldats même pour y manger leur pitance. Car on ne demandait rien qu'en payant.

Nous arrivons à *Lens* vers deux heures. Je suis logé chez un brasseur, M. X. dans la rue Pecbœuf. On me reçoit d'une façon très-froide et on refuse de loger mon ordonnance, ce qui se fait partout. Et cependant la maison est luxueuse, et on y fait parade d'humanité par l'installation d'une petite ambulance composée de deux blessés. C'eût été un bon préservatif contre l'invasion des Prussiens, car on eût arboré immédiatement la croix d'ambulance. Je ne me serais pas mis en cause, si l'on ne m'avait pas dit que toutes les personnes aisées de Lens, en avaient fait autant pour les officiers, tandis que les soldats, placés chez les ouvriers mineurs, avaient été très-bien accueillis et soignés. Nous mangeons à l'hôtel de la Rose.

Le 19 *Février*. — Départ à sept heures du matin pour Estaires. Le temps est superbe. Nous faisons la grande halte à La Bassée et déjeunons à l'auberge du Cheval Blanc. La maîtresse d'hôtel est une belle et grosse gaillarde qui s'entend parfaitement à son affaire. Je remarque du reste que le sexe féminin présente dans cette partie du Nord un tout autre aspect que dans le Pas-de-Calais. Ce sont de robustes femmes, bien plantées, à la figure pleine et rubiconde.

Nous arrivons à trois heures à Estaires. Les jours se suivent et ne se ressemblent guère. Nous sommes très-bien accueillis par la population.

Logés chez M. Lecomte-Dupont nous y sommes admirablement reçus. Nous y trouvons au souper un monsieur qui revient de Paris où il a été garde national pendant le siége des Prussiens. C'est un type de blagueur parisien ; il nous raconte bravement, qu'à la sortie de Buzenval du dix-neuf janvier, eux gardes nationaux, ont été obligés de pousser la baïonnette dans les reins les lignards qui voulaient fuir.

Le 20 *février*. — Les soldats sont si contents de l'accueil qu'ils ont reçu, et auquel ils sont si peu habitués, qu'ils crient : « Vive Estaires ! » à leur départ.

Nous arrivons à *Cassel* à trois heures. Une dépêche nous ordonne d'y séjourner, parce que la mer étant trop mauvaise on ne peut embarquer. Notre bataillon est envoyé à Hardifort, un petit village des environs, et disséminé dans des fermes situées à un kilomètre l'une de l'autre, de sorte que nous sommes éparpillés sur un espace d'au moins cinq à six kilomètres.

Nous sommes logés, le commandant et moi, chez une bonne femme qui a l'air assez à son aise. Malheureusement nous sommes en plein pays flamand, et même de la Flandre allemande ; car le patois se rapproche beaucoup de l'allemand. Nous nous comprenons donc difficilement. Cette dame est aux petits soins pour nous ; elle nous sert même avec trop d'empressement, et nous sommes obligés de calmer son zèle ; elle nous verse à boire elle-même pendant que nous mangeons. Nous trouvons ici des habitudes tout à fait spéciales au pays. Aussitôt qu'on entre dans la maison, le maître ou la maîtresse, avec un plat et des verres, vous offre de la bière et boit avec vous. Cette offre se renouvelle en moyenne toutes les demi-heures. Cela devient une scie à la fin ; mais c'est fait de si bonne grâce qu'on ne peut se fâcher. Les maisons sont d'une propreté remarquable ; les cheminées sont grandes ; mais on n'y retrouve pas encore l'usage du bois. En hiver, on met, sous le manteau de la cheminée, un petit poèle en fonte que l'on chauffe à la houille. Dans la cuisine, en guise de soufflet, j'admire un long tuyau en fer comme le canon d'un fusil, percé d'un petit trou à l'extrémité dirigée vers le feu et d'une embouchure par laquelle on souffle directement. On n'arrive pas du premier coup à souffler aussi bien que les gens du pays ; c'est tout une étude à faire.

Nous avons très-peu d'occasions pour juger des opinions politiques des habitants. Ils ne demandent qu'une chose, la cessation de guerre et le repos ; la forme du gouvernement leur importe peu.

Mais ce qu'il y a de prononcé chez eux, ce sont les opinions religieuses. Les curés sont encore tout puissants dans le pays. Le maître d'école n'est pas l'instituteur, il est le clerc. Ce mot n'est pas pris dans le sens de savant, comme dans la phrase suivante de Saint-Simon : « M. de Châlons, qui en affaires du monde n'était pas grand clerc, alla nasiller coup sur coup au régent… » mais dans le sens de : homme qui a soin de certaines choses concernant l'œuvre de la paroisse, comme servir la messe, sonner les cloches, allumer les cierges. Voici, du reste, une petite anecdote qui prouve que dans ce pays les curés se mêlent un peu de tout.

Nous avons, depuis quelque temps, une cantinière à la suite du bataillon. Elle a des relations secrètes avec un lieutenant qui lui a promis le mariage. De là son attachement pour notre corps. Comment le curé eût-il connaissance de ce fait ignoré de beaucoup de monde au bataillon ? Le fait est que le curé d'Hardifort fit comparaître la cantinière devant lui, et lui fit un sermon en un ou plusieurs points pour lui prouver qu'il fallait régulariser sa position en se mariant. Les mauvaises langues prétendent que le sermon fut en un seul point, parce que la cantinière, ayant tout intérêt à ce mariage, se laissa persuader immédiatement. Malheureusement, par le temps qui court, on ne peut pas se marier par-devant M. le maire ; et il est, du reste, fort peu probable que le ministre autorise ce mariage. Or, légalement, le mariage religieux ne peut se faire avant le mariage civil. Mais il est avec le ciel des accommodements. Le vieux curé insinua que son vicaire pouvait toujours célébrer un mariage provisoire et mettre ce mariage, de la main gauche, sous la protection de Dieu. C'est ce qui fut fait ; le couple alla s'agenouiller à l'église, le vicaire dit quelques prières, bénit une étole qu'il leur passa alternativement autour du cou et leur donna ainsi la consécration religieuse de leur position anormale. Tel est le récit que me fit la cantinière elle-même le lendemain matin.

Nous faisons séjour le 21 février et nous partons le 22 par une belle journée d'hiver, une de ces journées dont on se hâte de profiter, car :

Soleil d'hyver, amour de paillarde,
Tard vient et peu tarde[1].

A notre arrivée à Dunkerque, on nous annonce qu'il faut nous embarquer immédiatement, ce qui nous contrarie beaucoup, car nous trouvons là les officiers du dépôt du 33e qui nous offrent une aimable réception. J'obtiens de rester à terre jusqu'au lendemain ; notre bâtiment ne devant partir que demain. Dunkerque est une ville qui me semble très-agréable. Il est vrai que de ce moment elle est très-fréquentée, car elle est le refuge de toutes les personnes du Nord qui ont émigré devant l'ennemi. La ville est tellement encombrée que, le soir, je ne puis trouver un lit et que je couche sur le lit dédoublé de M. le capitaine Viviès.

Vingt-trois février. — A deux heures et demie, nous prenons une embarcation qui part pour l'*Océan atlantique :* ainsi s'appelle le bâtiment qui doit nous conduire à Cherbourg.

Au moment où nous dépassons la jetée, la vue de la rade s'agrandit : alors enfin je vois la mer pour la première fois de ma vie. Je ne veux pas

---

[1] Leroux de Lincy.

faire ici la description du tableau qui frappa ma vue, ni analyser l'impression que cette vue fit sur mon imagination : l'expression serait au-dessous de ce que j'ai éprouvé. Cette impression est d'autant plus agréable que le mal de mer est loin de me saisir comme je m'y attendais. Nous sommes bien un peu secoués dans le remorqueur qui nous conduit à l'Atlantique ; mais la mer est calme, et j'aperçois avec plaisir ce bâtiment, qui semble aussi immobile que s'il était placé en pleine terre. Et, en effet, aussitôt sommes-nous embarqués que le calme le plus complet succède au roulis du remorqueur. Nous sommes sur un bâtiment de la compagnie transatlantique. Il est très-grand, très-propre et très-bien aménagé. Il y a une salle à manger luxueuse et des cabines étroites, mais où l'on trouve de petits lits étagés.

A cinq heures, on dîne. Je m'étais figuré que je ne mangerais pas une seule fois en mer, et que je passerais mon temps à une opération contraire. Il se trouve que la mer m'ouvre l'appétit d'une façon démesurée. Pendant que nous dînons, on lève l'ancre et nous partons. On s'en aperçoit à peine, et n'était le bruit de l'essieu des roues, ce serait contestable. Après dîner, nous montons sur le pont ; nous sommes déjà hors de vue de Dunkerque, dont nous apercevons cependant encore les phares à l'horizon. L'air est vif; mais le ciel est si pur, les étoiles si belles et le mouvement du vaisseau si glissant que je ne puis m'empêcher de rester sur le pont pendant deux heures. Nous voyons, chemin faisant, ce que l'on appelle un phare-flottant. C'est un vaisseau qui reste constamment en place : là-dedans sont des hommes qui sont continuellement isolés pendant des existences presque entières de tout le reste du monde ; à peine voient-ils de temps en temps des êtres humains quand on vient les ravitailler. C'est une bien triste vie à mon avis et il faut être bien malheureux ou bien philosophe pour s'en contenter. Je rentre dans ma cabine où je couche avec le capitaine Dumas, lui au-dessus, moi au-dessous. On a tout juste la place pour se mettre en chien de fusil, comme on dit vulgairement, sans avoir la ressource de changer de position.

Vingt-quatre février. — La nuit n'a pas été mauvaise. Le mal de mer est tellement léger que c'est à peine si je le sens ; cependant il me semble que l'estomac n'est pas très-solide, et, pour n'y pas penser, je fais une partie de whist après déjeuner. Vers deux heures on nous annonce que nous touchons au port. En effet, nous entrons dans le port et nous doublons la fameuse digue, qui a près de huit cents mètres de long et est construite en pleine mer. C'est un travail gigantesque, quand on réfléchit aux difficultés qu'on a dû surmonter pour en asseoir les fondations.

Je ne donnerai pas beaucoup de détails sur notre séjour dans la presqu'île du Cotentin. Je signalerai seulement l'hôtel de l'Univers, à Cherbourg, où l'on nous demanda quatre francs par repas et quatre francs pour une petite chambre au troisième étage. En supposant que nous eussions pris deux repas par jour, la dépense eût été de douze francs par journée. Quand nous exprimons notre étonnement de l'exagération de ces prix, on nous répond que c'est depuis la guerre qu'ils ont augmenté leurs prix. Ainsi, quand nous venons de faire une longue campagne, on suppose que nous avons fait fortune et on se croit le droit de nous exploiter et de faire rapidement sa fortune en profitant de notre situation forcée.

A Tocqueville, petit village des bords de la mer, où nous avons été cantonnés jusqu'au 3 mars, on nous étrilla de la même façon. Comme détail dans la note qu'on nous présenta, je citerai deux poires cuites pour cinq francs. Le reste était dans le même genre.

Comme tout le monde le sait, si l'armistice n'était pas prolongé le 3 mars, on devait recommencer les hostilités. Déjà nous commencions notre mouvement en avant, mais on nous arrêta à Coutances. La paix avait été votée par l'Assemblée nationale le 1er mars 1870 !

LIVRE TROISIÈME

ARMÉE DE VERSAILLES

ARMÉE DE VERSAILLES

PREMIÈRE PARTIE

Révolution du 18 mars 1871.

Bien souvent, à la fin de la campagne contre les Prussiens, dans nos conversations sur l'état politique de notre pauvre pays, nous avions prévu une guerre civile, succédant à une guerre contre l'ennemi, et chaque fois que cette idée nous était venue, notre plus grand souhait avait été de ne pas y être mêlés, et de ne pas être obligés de diriger contre des Français, des armes qui venaient de servir contre des Prussiens. Malheureusement les derniers temps du siége de Paris, les protestations des Parisiens contre l'inactivité du général Trochu, la capitulation de Paris, et enfin les dures conditions de paix imposées par les Prussiens n'avaient fait qu'augmenter nos craintes. Aussi comprendra-t-on la tristesse avec laquelle nous reçûmes, à Coutances, le 6 mars 1871, l'ordre de partir le lendemain pour Paris.

Le 11 mars, nous arrivons sur le Trocadéro, à trois heures du soir, par un soleil magnifique. On nous annonce que les troupes vont camper là et dans les rues voisines ; les officiers ne doivent pas s'éloigner. Le Champ-de-Mars vis-à-vis de nous est couvert de troupes. L'armée de la Loire est aussi à Paris. Ce campement en plein air quand il y a de la place dans les casernes, nous semble déjà un indice certain du but de notre présence à Paris. Nous sommes là pour maintenir l'ordre.

Je vais raconter ce que j'ai vu d'événements, dont le récit passionne encore les esprits. Aussi je tâcherai d'être aussi impartial que possible. Cependant je narrerai exactement mes sentiments au fur et à mesure qu'ils se sont présentés et avec leurs nuances les plus exactes.

Nous avions campé pendant quelques jours sur la pelouse même du Trocadéro. Pendant ce temps on avait renvoyé la classe 1863, les rappelés et les engagés volontaires, ce qui nous avait enlevé presque moitié de notre effectif. La même mesure avait été prise dans les autres régiments. On devait remplacer ces soldats par les débris des régiments de marche qui avaient combattu contre les Prussiens pendant le siége. On verra bientôt combien cette mesure fut malheureuse.

Le 15 *mars*, on nous fait venir au Luxembourg. Les ordres sont si bien donnés, que les hommes du 106e de ligne, qui devaient combler les vides faits dans nos rangs, nous attendaient depuis huit heures du matin, tandis que nous n'arrivons qu'à cinq heures du soir. Pendant ce temps-là, la neige commence à tomber très-épaisse, et la plupart des hommes, lassés d'attendre, s'enfuient en ville. On fait camper sur un terrain mouillé des hommes qui viennent de faire une rude campagne ; on ne leur donne pas même de la paille ; il en était déjà de même au Trocadéro. Aussi commençons-nous à avoir de nombreuses diarrhées. Les hommes sont mécontents. Je prends une chambre dans la rue Gay-Lussac, à l'hôtel de Strasbourg, où j'ai habité pendant une longue partie de mon séjour au Val-de-Grâce.

Seize mars. — Les hommes du 106e qui étaient allés se coucher en ville arrivent difficilement le lendemain matin. Il en manque encore beaucoup. Les soldats sont toujours dans les mêmes conditions. La pluie continue à tomber, mélangée avec de la neige ; ce sont de véritables ruisseaux s'infiltrant sous la tente, car les rigoles que font les soldats autour de la tente ne suffisent pas. Les murmures deviennent de plus en plus prononcés et les rangs s'éclaircissent. On ne peut pas se montrer trop sévère, car vraiment l'installation est complétement anti-hygiénique, et aux soldats qui viennent se plaindre, nous ne pouvons répondre par des raisons plausibles. Nos anciens soldats sont les moins rebelles ; mais les hommes du 106e de ligne sont d'une indiscipline notable. Ils se plaignent de ne pas recevoir de vivres, et cependant les distributions sont faites régulièrement. Il est vrai qu'ils n'émettent ces plaintes que devant les civils et non devant nous.

Dix-sept mars. — On se décide enfin à donner de grandes tentes et de la paille. Mais les soldats qui avaient pris l'habitude de coucher en ville continuent de le faire, et profitent des leçons de gymnastique qu'on leur a données au régiment pour escalader les grilles du Luxembourg.

Dix-huit mars 1871. — A une heure du matin, grand branle-bas dans notre hôtel. On réveille les officiers. On doit se rendre immédiatement au Luxembourg. Nous y arrivons à deux heures. Là on nous communique l'ordre suivant :

« Le 67e régiment d'infanterie occupera la place de la Bastille, les rues adjacentes et les premières maisons. Si des gardes nationaux en groupe et armés se présentent, les tenir à distance en leur criant : halte ! S'ils continuent à avancer, tirer sur eux. »

Le départ du Luxembourg est fixé à quatre heures. En réalité nous ne partons qu'à cinq heures. En quittant le Luxembourg, où sont entassées plusieurs batteries de sept qui ont appartenu à la garde nationale pendant le siége des Prussiens, je fais cette réflexion à l'un des officiers du régiment : « Si pendant que nous allons prendre les canons des Buttes-Montmartre, les gardes nationaux venaient reprendre ceux du Luxembourg, ce serait une drôle de farce. » Je ne croyais pas être si bon prophète.

Nous descendons le boulevard Saint-Michel jusqu'à la Seine ; nous prenons le quai de la rive gauche jusqu'au Jardin-des-Plantes, nous traversons la Seine sur le pont d'Austerlitz, et arrivons à la place de la Bastille par le boulevard de la Contrescarpe. On s'empare de toutes les rues qui aboutissent à la place. Je vais dormir dans une salle d'attente de la gare de Vincennes. Vers midi je m'apprête à déjeuner avec quelques officiers au buffet de la gare, quand on nous apprend qu'il faut partir. On nous annonce alors que les troupes qui avaient été mises en avant, le 88ᵉ, ont levé la crosse en l'air au lieu de tirer sur les gardes nationaux qui les circonvenaient, et qu'ils ont fait cause commune avec eux ; qu'un général a été fait prisonnier et qu'il faut battre en retraite.

Pendant que nous étions sur la place, on s'était amusé à enlever le drapeau rouge de la main du génie de la liberté ; aussi pour nous narguer, au moment où nous partons, on remet le même drapeau.

De la Bastille, nous suivons la rue Saint-Antoine et la rue de Rivoli. Dans la rue Saint-Antoine, nous faisons plusieurs pauses de quelques minutes. Les groupes commencent à se former. Partout on crie : « Vive la ligne ! A bas les chefs ! » Voici même une expression que j'ai entendue sortir des lèvres roses d'une jeune fille qui avait cependant l'air assez bien : « Les chefs, c'est de la m..... » (une feuille de vigne !). Je demande pardon de consigner ici cette expression triviale ; mais elle peint bien les opinions de cette classe de la société. C'est sans doute quelque Polyte ou quelque Gugusse de la barrière qui lui a donné des idées aussi avancées et aussi saines en politique. Les soldats trouvent cela drôle et en rient, mais les officiers sont loin d'être contents. Certes, c'est une bonne tactique pour briser les liens qui attachent le soldat à l'officier et pour détruire toute discipline dans l'armée. Mais comme c'est peu logique, et peu en rapport avec les vraies idées démocratiques ! La plupart des officiers ne sont-ils pas sortis du peuple, et parce qu'ils portent des galons qu'ils ont conquis par leur mérite et leur courage, ne font-ils donc plus partie de ce peuple dont ils sortent? Et ces officiers qui, pour la plupart, commencent à être républicains, ne doivent-ils pas trouver assez extraordinaire que l'on crie : « Vive la République ! A bas les officiers ! »

Dans la rue Saint-Antoine, nous recueillons un pauvre gendarme à qui l'on a enlevé son cheval, ses armes et sa casquette, et que la foule veut écharper.

Dans la rue de Rivoli, l'aspect change. Là ce sont des groupes de bourgeois attristés et ne sachant que penser de tout cela. Nous arrivons sur l'esplanade des Invalides à une heure. Nous déjeunons dans un débit de vin, puis nous attendons pendant toute l'après-midi dans la plus grande inaction. On fait aux soldats des distributions de conserves de charcuterie et de vin. Le ministre de la guerre, général Leflô, les généraux, viennent parler l'un après l'autre aux soldats. Nous sommes dans la plus grande indécision sur ce qui se passe, sur le but de notre marche du matin ; on parle des canons des Buttes-Montmartre à enlever. Là devait se borner notre rôle. D'autres parlent tout bas d'un coup d'état avorté. On comprend que les soldats n'y comprennent rien du tout. Toutes les troupes régulières sont concentrées sur l'esplanade des Invalides et les environs. Vers quatre heures les bataillons de la garde nationale de Grenelle viennent défiler au beau milieu de l'Esplanade, en criant : « A bas Vinoy ! à bas Trochu ! à bas les chefs ! » et on laisse faire tranquillement. Il est vrai qu'on ne sait guère à quoi s'en tenir. On prétend que certains bataillons de gardes nationaux sont pour nous contre ceux de Montmartre et Belleville ; mais on ne sait à quoi les reconnaître. Cependant il est patent que ceux de Grenelle sont pour l'insurrection. Pourquoi les laisse-t-on faire? A-t-on peur ou ne veut-on pas brusquer la situation? Je crois qu'il y a du vrai dans les deux hypothèses. Dans tous les cas, généraux et officiers d'état-major font triste figure.

On nous dit d'aller chercher nos sacs, que nous avons laissés au Luxembourg le matin. Les régiments doivent y aller, et revenir aux Invalides chacun à leur tour. On a tellement peur de brusquer les choses, qu'il avait été d'abord décidé que les hommes iraient sans armes au Luxembourg. Le 69e y va à cinq heures et doit être revenu à sept heures, heure à laquelle ce sera à notre tour, le 67e.

Comme ici se passe un fait grave pour notre régiment, je tiens à bien établir les faits, afin de rendre à chacun ce qui lui revient.

A sept heures, nous quittons l'Esplanade, traversons la rue de Grenelle-Saint-Germain, la rue Bonaparte et entrons au Luxembourg par une porte donnant dans cette dernière rue. Dans la rue Grenelle-Saint-Germain, nous rencontrons un bataillon de gardes nationaux marchant en sens contraire et poussant les mêmes cris que nous avons entendus toute la journée.

Lorsque nous sommes entrés, le commandant de notre bataillon place deux sentinelles à la porte par laquelle nous sommes entrés, avec consigne de ne laisser sortir aucun soldat isolément. Nous nous apercevons que la porte est déjà occupée par des gardes nationaux à la figure plus ou moins rébarbative. Ils s'opposent à la fermeture des portes. Un soldat de notre bataillon veut sortir malgré la défense du commandant. Celui-ci le prend par le bras pour lui faire faire demi-tour ; ce soldat ose lever la main sur le commandant. Voyant ce mouvement, un capitaine assène un coup de canne sur le bras de ce révolté. Alors tous les gardes nationaux de crier qu'on n'a pas le droit de frapper les soldats, que ce sont des hommes comme des autres, des citoyens libres, des frères, et autres insanités semblables. Je dis insanités, non pas que j'approuve les coups en temps ordinaire ; mais ces braves et honnêtes gens oublient sans doute, ou plutôt font semblant d'oublier que nous sommes en état de guerre, et que rien que ce mouvement du soldat donnait à l'officier le droit de lui passer son sabre au travers du corps ou de lui brûler la cervelle de son révolver. Mais nous savons bien à quoi nous en tenir sur ces beaux sentiments de confraternité ; on veut séparer les soldats des officiers afin d'isoler ceux-ci.

Aussi il faut voir comme on plaint ces pauvres soldats : « Comment, dit-on, on vous fait coucher sous la tente, quand nous serions si heureux de vous recevoir chez nous, de vous choyer afin de vous reposer de cette longue campagne. On ne vous donne rien à manger, etc., etc. » Nous savons bien, et les soldats savent bien aussi que ce n'est pas vrai ; mais ils se laissent plaindre et renchérissent encore. Cependant un garde national trouve un soldat en train de vendre du pain qu'on vient de lui donner de la part des frères et amis (ainsi s'intitulent ces citoyens). Alors ce garde national pousse ce cri parti du cœur : « C'est dégoûtant, l'armée est profondément démoralisée ! » mais il ajoute immédiatement : « C'est de la faute des chefs. » Il y a peut-être du vrai dans sa première phrase ; mais je trouve que tous ces gens-là prennent une drôle de voie pour moraliser l'armée, en lui prêchant l'indiscipline et l'insubordination.

Quand les hommes ont sac au dos, le régiment se met en marche pour sortir du Luxembourg. Mais les gardes nationaux ne veulent plus nous laisser sortir et nous déclarent prisonniers ! — Prisonniers de qui ? — Du comité. — De quel comité ? — Du comité de la garde nationale. — Et quels sont les hommes qui composent le comité ? —

Nous ne les connaissons pas, mais ils existent. Et tous vous font la même réponse. Il est vrai qu'ils ne pourraient pas en faire une autre, ne sachant vraiment pas à qui ils obéissent.

On parlemente inutilement pendant une heure à une porte. Le colonel ne veut rien brusquer. Du reste en a-t-il bien le droit, quand il voit que la conciliation et les ménagements partent d'en haut ; et peut-il assumer sur lui la responsabilité de tirer, au milieu de la nuit, sur une foule où nous voyons des femmes et des enfants derrière les gardes nationaux ? Il est dix heures ; les soldats s'impatientent et parlent déjà de rentrer se coucher sous leurs tentes. On va à une autre porte près du palais du Luxembourg ; même consigne. Cependant on finit par faire entendre raison à un officier du poste et on commence à sortir. Le premier bataillon sort, commandant M. Chambellan ; une compagnie du deuxième bataillon sort, commandant M. Pichat. Les soldats ne serrent pas ; arrivent d'autres gardes nationaux qui ferment la porte. Le deuxième bataillon se trouve ainsi coupé. Les dernières compagnies font demi-tour et vont tranquillement rejoindre leurs tentes.

Alors le commandant du troisième bataillon, M. Audibert, conduit ses hommes à la porte voisine de l'École des mines, donnant sur le boulevard Saint-Michel. Mais le mot d'ordre était donné partout. Là on trouve un poste très-fort gardant la porte. Il faut user de violence, puisque l'on ne veut pas entendre raison. Le commandant crie : « En avant ! » Les gardes nationaux paraissent tremblants et émus ; mais les soldats reculent. Alors apprenant que le deuxième bataillon est sous ses tentes, le commandant ramène ses hommes à leur campement. On fait former les faisceaux, mettre une double garde et deux sentinelles à chaque tente et on veille.

Comme je suis complétement inutile, je me décide à aller passer la nuit à l'hôtel de Strasbourg. On me laisse d'abord sortir sans rien me dire. Mais j'ai à peine fait vingt pas que je me vois poursuivi par quatre ou cinq gardes nationaux. Je me retourne et leur demande si c'est à moi qu'ils en veulent ; ils me répondent grossièrement : « S'il n'est pas permis de me suivre, si cela leur plaît. » Je leur réponds que je ne leur reconnais pas ce droit ; que je suis un médecin ; que les Prussiens ne les font pas prisonniers, et que s'ils veulent être plus Prussiens que les Prussiens, ils n'ont qu'à m'arrêter. Là-dessus je leur tourne le dos et m'en vais sans être suivi.

Dix-neuf mars. — Je me rends au Luxembourg de bon matin. Le bataillon est toujours là sans avoir reçu aucun ordre. Nous nous apercevons en même temps que le 68e de ligne est également prisonnier. Mais il reste prudemment sous ses tentes, et à peine si l'on s'aperçoit de sa présence. Il n'en est pas de même de notre pauvre bataillon. Il a été signalé d'une façon tout-à-fait spéciale à l'attention des gardes nationaux, par l'énergie avec laquelle les officiers leur ont tenu tête la veille. En voici un exemple : A un moment donné, un garde national dit au commandant : « Vous n'étiez pas si courageux devant les Prussiens. » Celui-ci lui sauta à la gorge et lui dit : « Quand tu auras assisté à vingt batailles et été fait prisonnier trois fois par les Prussiens , pour t'échapper trois fois de leurs mains , tu pourras causer. En attendant , voilà pour toi. » Et il l'envoya rouler par terre. Les autres n'osèrent rien dire. Mais tous ces faits avaient laissé une vive impression chez les gardes nationaux.

Malgré tous les efforts des chefs, les soldats sont entraînés par de nombreux gardes nationaux ou civils ; des femmes et des enfants même s'en mêlent. On prêche les soldats pour qu'ils livrent leurs armes. Quelques-uns cèdent facilement et donnent leurs chassepots en cachette. La plupart refusent cependant.

Vers dix heures, nous apprenons que toutes les troupes régulières sont parties pour Versailles pendant la nuit. Et l'on nous a laissés là sans ordre. Ainsi le général qui commande notre brigade, M. Wolf, est parti en laissant plus de moitié de sa brigade sans lui communiquer d'ordre. En effet, elle se compose du 69e de ligne, du 68e et du 67e. Or il reste au Luxembourg le 68e et un bataillon et demi du 67e.

Notre colonel est gardé au Luxembourg par les gardes nationaux. Vers midi, des officiers, envoyés par un comité, siégeant au palais du Luxembourg, insistent pour faire rendre les armes à nos hommes. Ils ont un ordre du comité pour sommer le commandant d'ordonner le désarmement. Celui-ci refuse énergiquement ; il n'en a ni le droit ni l'envie, le colonel n'étant pas là pour donner des ordres. Les officiers lui proposent de venir au Luxembourg, où il pourra conférer avec le colonel. Le commandant y va sans arrière-pensée ; mais lorsqu'il veut sortir, après avoir décidé avec le colonel qu'on ne rendrait pas les armes, on lui déclare qu'il est prisonnier. On envoie alors dire de la part du comité que si les armes ne sont pas rendues immédiatement on gardera le commandant comme otage, sans répondre de sa vie, car les gardes nationaux sont furieux contre lui. Ceux-ci, du reste, ne se gênent guère pour dire aux soldats qu'ils se chargent de son affaire. Du reste, les faits de la veille, la mort du général Lecomte et de Clément Thomas, prouvent que ces forcénés sont capables de tout.

Le capitaine D., à qui le comité n'avait pas caché cette situation critique du commandant, prend sur lui de permettre le désarmement.

Le sacrifice est consommé ! Si les gardes nationaux ont vu couler les larmes de deux vieux sergents qui pleuraient en rendant des chassepots qu'ils n'avaient jamais quittés devant l'ennemi ; s'ils ont vu le désespoir empreint sur le visage des officiers, ils ont dû se douter de la haine qu'ils accumulaient dans le cœur de ces bons militaires contre ceux qui les forçaient de passer sous les fourches caudines du désarmement et qui mettaient en regard, dans leur conscience, le devoir militaire strict et la vie du commandant, qui avait été entraîné du milieu de ses soldats et fait prisonnier par un malhonnête guet-apens.

Quand on apprit au comité que le désarmement avait eu lieu, on relâcha le commandant, auquel on dit en sortant : « Si le désarmement avait eu lieu pendant votre présence, on n'aurait rien à vous reprocher plus tard. » M. Audibert se douta de quelque chose et se dirigea immédiatement vers son bataillon. Il fut rencontré par deux officiers, qui lui racontèrent ce qui venait de se passer et le danger qu'il courait au milieu des gardes nationaux. Il se laissa entraîner, il était dans une prostration complète, ne sachant pas ce qu'il faisait, il se laissa guider par nous. Nous lui fîmes prendre une tenue civile et changer immédiatement de quartier. Après la prostration, vint la période d'excitation ; il passa la nuit dans des crises nerveuses terribles, et le lendemain matin, je le trouvai dans un état de désolation complète. Il se croyait déshonoré et ne parlait de rien moins que de se brûler la cervelle. J'eus bien de la peine de le calmer, et le soir il partait pour Versailles avec les autres officiers.

DEUXIÈME PARTIE

Siége de Paris sous la Commune.

En arrivant à Versailles, nous ne trouvons que quelques hommes, qui se se sont échappés de Paris pour rejoindre Versailles. Puis, le 3e bataillon reçoit quatre cents hommes du dépôt. Le 1er bataillon est complet, le 2e se complète également, et le neuf avril, nous sommes prêts à commencer à entrer en ligne pour concourir au siége de Paris.

Le 10 *Avril.* — Jour de Pâques. — Nous assistons à midi à une messe au camp de Satory. La division défile et à 2 heures, nous partons pour Vaucresson, où nous couchons la nuit sous des tentes de soldats, sur l'herbe, avec quelques feuilles sèches recueillies dans le bois.

Mardi 11 *Avril.* — Nous partons à cinq heures et demie du matin du parc de Vaucresson. La matinée est belle ; le soleil se lève ; une légère brume s'étend dans les vallées. Nous descendons vers

Bougival par un chemin entouré de propriétés, où la verdure vient couvrir d'une façon charmante les dégats commis par les Prussiens. Les arbres sont couverts de fleurs, *la neige odorante du printemps.* Ironie ! nous allons nous battre contre les Français ! Quand il ferait si bon de se promener paisiblement au milieu de ces lieux enchanteurs.

Nous arrivons à Courbevoie vers dix heures. Nous entendons la fusillade des avant-postes dans Neuilly. Le Mont-Valérien fait entendre, de temps en temps, sa voix solennelle. On envoie le 1er bataillon aux barricades. Nous nous installons autour d'une villa abandonnée et nous couchons à l'intérieur sur le parquet.

Mercredi 12 *Avril.* — Ce matin, en faisant l'exercice sur une pelouse de notre habitation, les soldats sont assaillis par quelques obus, qui heureusement s'enfoncent pour la plupart dans la terre sans éclater. Il n'y a qu'un homme blessé légèrement à l'œil. Dans l'après-midi, nous avons deux soldats blessés dans la grand'-garde que nous fournissons au rond-point de Courbevoie, au moment même où je m'y rendais par hasard. Les obus y rappliquent avec énergie.

Nous passons les journées des 13, 14 et 15 avril,

dans la même situation. Le 1er bataillon qui était à la barricade du pont de Neuilly a perdu un capitaine tué, un lieutenant blessé à l'œil, et une douzaine de soldats.

Le 16, nous sommes relevés par une autre division, et nous allons coucher le 17 à la Malmaison, ancienne résidence favorite de l'Impératrice Joséphine. Le parc est très-beau encore ; mais le château est enfoncé par les obus. A l'intérieur, les glaces sont cassées et l'on voit très-bien que c'est fait exprès ; les tentures sont arrachées. Ce sont les Prussiens qui ont marqué là leur passage comme partout.

Dix-huit Avril. — Nous partons à midi pour Villeneuve-l'Etang; ou plutôt pour le parc de Saint-Cloud, où nous sommes baraqués.

Dix-neuf Avril. — Je vais visiter Saint-Cloud. Le château est complétement brûlé et détruit. Dans le parc, beaucoup d'arbres ont été coupés par les Prussiens. Les orangers, qui étaient si beaux, ayant passé l'hiver dehors, sont morts.

Dans le village, presque toutes les maisons sont détruites. Toutes ont eu à souffrir non-seulement des obus du Mont-Valérien, mais encore de dévastations et d'incendies du fait des Prussiens. Ceux-ci ont eu beau accuser le Mont-Valérien d'avoir commis tous les dégats. Des femmes nous racontent qu'elles avaient beau supplier à genoux les Vandales de ne pas brûler leurs maisons; elles étaient impitoyablement rejetées, et, le pétrole aidant, l'incendie venait faire disparaître les traces du pillage. Il en fut de même au Palais de Saint-Cloud; et il n'est pas besoin d'être expert d'une compagnie d'assurances pour voir les preuves encore palpables d'incendies volontaires.

Le service des diverses divisions, commence à s'organiser de la façon suivante : On passe quatre jours aux avant-postes, quatre jours à Villeneuve-l'Etang, sous les baraques, et quatre jours dans un village environnant Rueil et Nanterre. Nous passons donc les journées des 20, 21, 22 avril à Rueil, d'où nous partons le 23.

Pendant notre séjour à Rueil, rien d'extraordinaire pour nous. Notre régiment est logé, partie à la caserne, et partie à la Malmaison et à Marly. Rueil ne présente de remarquable que son église, qui contient un bel orgue donné par Napoléon III et les deux tombeaux en marbre de l'Impératrice Joséphine et de la reine Hortense.

Le 23 *Avril*, nous partons pour Courbevoie. Notre régiment est chargé d'occuper la rive gauche de la Seine depuis Courbevoie jusqu'à Asnières. Nous occupons ainsi la rue de Bécon et le château de Bécon qui a été enlevé quelques jours auparavant aux fédérés, le 17 avril par le 36e de ligne, colonel Davoust. Le château de Bécon domine la Seine et toutes les positions des fédérés depuis Asnières à Courbevoie. Aussi y a-t-on établi une batterie armée de pièces de sept, et construite d'une manière très-solide. Une autre batterie à notre droite enfile le boulevard Bineau et tire sur l'Arc-de-triomphe. Un de nos soldats fut blessé par l'éclat d'un obus lancé par cette batterie, et qui éclata au sortir de la pièce. Cet éclat rencontra heureusement la gibecière qui contenait des cartouches. Plusieurs balles furent coupées en deux, et le projectile amorti par cette résistance ne fit qu'une légère plaie au pli de l'aine à un centimètre à peine de l'artère crurale.

Presque toutes les maisons de la rue sont inoccupées. Ce sont pour la plupart de très-jolies villas ; mais tout a été déménagé et nous couchons sur le parquet.

Le 24 *Avril*. — Un capitaine du 2e bataillon,

qui était allé en curieux examiner la batterie du château de Bécon, fut littéralement décapité par un obus des fédérés qui entra directement par une mortaise servant à loger la gueule d'un canon. Plusieurs soldats furent également blessés par des éclats d'obus.

Le 25 *Avril*, un armistice avait été conclu pour permettre aux habitants de Neuilly et Puteaux de rentrer à Paris ou sortir des lignes d'investissement. L'armistice devait durer de midi à cinq heures. Les batteries de notre côté avaient reçu l'ordre de ne pas commencer le feu. Un vague espoir courait dans l'air que peut-être aussi les fédérés ne tireraient pas non plus, et que peut-être cette trève serait le commencement de la conciliation. Mais, vain espoir, à cinq heures, les fédérés ouvrent le feu ; on leur répond, et la canonnade recommence sur toute la ligne. La rue de Bécon est surtout assaillie par une batterie blindée mobile, circulant sur le chemin de fer d'Asnières. Cette batterie armée de pièces de marine nous lance des obus d'un fort calibre, et les éclats volent à une distance de plusieurs centaines de mètres.

Nous passons encore la journée du 26 dans nos positions sans rien de nouveau, et nous partons le

27 pour Villeneuve-l'Etang, où nous passons les journées des 27, 28, 29 et 30 avril ; puis nous allons séjourner pendant les quatre jours suivants à Rueil.

Le lundi 5 mai, nous partons pour Neuilly. Nous traversons Puteaux, puis la Seine, sur un pont de bateaux. Nous suivons le quai de l'Abreuvoir jusqu'à l'avenne de Neuilly ; mais là, comme les obus balaient le pont et les environs, nous passons un à un dans une profonde tranchée ; puis nous nous engageons dans les rues de Neuilly et des villas. Tout est ravagé ; les arbres sont coupés, brisés par les obus. Les maisons de campagne qui autrefois étaient si jolies, si coquettes, sont maintenant abandonnées, trouées par les obus. Les murs de séparation des jardins sont percés de brèches pour faciliter les communications d'une rue à l'autre. Notre régiment est installé de la façon suivante : Le 3e bataillon forme l'extrême gauche et est chargé de surveiller spécialement le boulevard Bineau dont nous occupons un côté, tandis que les fédérés occupent l'autre, du côté de Champerrey et Villiers. Les deux autres bataillons occupent de front le boulevard d'Inkerman, et les rues qui y aboutissent. Presque toutes ces rues possèdent deux barricades opposées l'une à l'autre, l'une occupée par nous, l'autre par les fédérés. Ceux-ci ont des batteries peu éloignées des nôtres.

Pendant les quatre jours que nous passons aux avant-postes, les journées se traînent lentement. Je suis installé dans la maison de campagne d'un fameux fournisseur de broderies, épaulettes, coiffures militaires. Nous jouons au wisth pour tuer le temps. Un jour que nous avions eu l'idée de nous installer sous de magnifiques maronniers, nous en fûmes délogés par des projectiles de boîtes à balle qui venaient éclater sur notre tête. Nous commencions, du reste, tellement à nous habituer aux manies des fédérés, que nous savions à peu près à quel moment nous pourrions être complétement tranquilles. Ainsi, le matin, nous étions à peu près régulièrement réveillés par des obus, qui venaient éclater à cinq ou six heures du matin dans une chambre ou une autre de notre maison. Puis cela continuait jusqu'à huit ou neuf heures, époque à laquelle il y avait trève ; les fédérés allaient prendre leur absinthe. Vers onze heures, quelques coups de canon nous annonçaient que les fédérés n'étaient pas complétement morts et allaient procéder à un autre exercice, celui du déjeuner. Jusqu'à deux heures nous pouvions en faire tout autant sans inquiétude. Puis recommençait une canonnade plus ou moins furieuse, suivant que le dîner avait été plus ou moins copieux et les libations nombreuses. Vers cinq heures, nouveau calme, nouvelle absinthe, puis dîner. Après dîner nouvelle représentation durant quelquefois jusqu'à minuit.

Dans la nuit du 8 au 9 mai, nous sommes réveillés tout-à-coup, vers deux heures du matin, par un vacarme effrayant. Les obus tombent de tous côtés jusque dans le vestibule de notre maison. Les balles sifflent dans tous les sens. La nuit est très-sombre, de sorte qu'au premier abord on ne sait pas ce que cela veut dire. Est-ce une surprise? Nos postes avancés reculent-ils ou bien n'est-ce qu'une panique? Le fait est que tout ce bruit, toutes ces décharges produisent un singulier effet dont on ne se rend pas bien compte au milieu de la nuit. Tout cela dure bien deux heures. Je cours de tous côtés pour chercher les blessés. Je vais à la rue Péronnet pour voir si le médecin-major qui y est installé a des hommes atteints. Après bien des recherches, je constate l'absence de tout blessé. Voilà bien de la poudre usée bien inutilement. C'était l'effet d'une panique. Un coup de fusil parti d'une barricade avait allumé le feu sur toute la ligne. On se croyait surpris des deux côtés, et on faisait rage de toutes parts avec les chassepots et les fusils à tabatière pour repousser un assaillant imaginaire. Quand on se fut aperçu de la méprise, on fit cesser le feu de notre côté. Les fédérés continuèrent encore un certain temps, puis tout se calma, de sorte que nous pûmes tranquillement être relevés le 9 au matin ; puis nous rentrons en arrière de nos lignes.

Depuis longtemps, on trouvait à Versailles que nous n'entrions pas assez vite à Paris. L'Assemblée se montrait impatiente et M. Thiers était obligé, pour faire prendre patience à ces messieurs, tranquillement assis sur leurs siéges, de leur promettre que Paris serait bientôt réduit. Les journaux contraires à la République, le *Gaulois* entre autres, les réactionnaires des partis déchus, et même les Parisiens qui avaient quitté leur poste en ne défendant pas leurs foyers, trouvaient sans doute qu'on ne sacrifiait pas assez de monde. Ils ne parlaient rien moins que de prendre Paris à l'assaut. J'eus bien voulu les voir à la tête des soldats, seulement quand il fallait prendre une barricade. Je puis dire que si l'armée de Versailles impatientait par sa lenteur ces beaux parleurs, ceux-ci impatientaient au moins autant l'armée par leur sot bavardage et leur ignorance des difficultés à surmonter.

Pourtant, dans la nuit du 12 au 13 mai, nous faillîmes entrer dans Paris sans tirer un coup de fusil. Versailles avait entretenu des intelligences dans la place, et l'on devait nous livrer une porte, je crois la porte Dauphine. Nous recevons l'ordre de partir à onze heures du soir ; mais la marche est très-lente.

Nous nous engageons silencieusement dans Puteaux, à trois heures du matin. Une grande partie de l'armée a déjà passé la Seine et se trouve dans le bois de Boulogne. Tout-à-coup, à trois heures et demie, on nous fait faire demi-tour ; la queue des bataillons deviendra la tête. Les batteries font difficilement cette manœuvre dans les rues. On nous recommande le plus grand silence ; et de fait notre position est assez critique. La porte n'a pas été ouverte ; le mot de passe a été changé, et le bataillon de fédérés, chargés d'ouvrir la porte, soupçonné de trahison, a été relevé. Tout le corps du général Ladmirault se trouve engagé de l'autre côté de la Seine avec un seul pont de bateaux pour la traverser. Nous encombrons les rues de Puteaux. Si les fédérés s'aperçoivent de notre situation, ils peuvent nous couvrir de mitraille et d'obus, car la portée de leur canon va jusqu'au pied du Mont-Valérien. Qui sait si la panique ne se mettrait pas au milieu des troupes ; et si le pont de bateaux venait à être rompu, la retraite pourrait-elle se faire ? Heureusement que les fédérés nous laissent partir tranquillement. Nous allons nous cantonner à Nanterre les 13, 14, 15 et 16 mai. Plus l'ombre d'un pompier dans cette ville. Quant aux rosières, le bruit des armes les a effarouchées. Ce n'est pas le moment de les couronner.

Pendant ces derniers événements, une batterie monstre avait été construite à Montretout et tonnait presque continuellement depuis le 6 mai.

Nous partons *le* 17 *mai* pour Asnières, que nous trouvons dans un bien triste état. Les fédérés ne l'ont pas épargné, comme d'autres villages, qui leur étaient plus chers, Puteaux par exemple. La population de ce dernier endroit était notoirement favorable à l'insurrection et le maire plus communeux que les communeux de Paris. Il devint tellement suspect que Versailles le fit arrêter. C'est lui qui refusait une place particulière dans le cimetière pour un officier tué, disant que la fosse commune était bien pour lui, que nous étions tous égaux, de sorte que les officiers du régiment eurent beaucoup de peine de pouvoir rendre les derniers honneurs à leur camarade.

Mais nous voilà loin d'Asnières. Les maisons de ce dernier village sont en grande partie détruites.

Celles qui bordent la Seine ne ressemblent plus guère à des maisons. Cè sont des décombres, des murs percés à jour et se soutenant par des prodiges d'équilibre. Le *Cadran bleu*, de gargantualesque mémoire, est à peu près complétement effondré. Nous sommes tous logés dans un ancien couvent, qui servait, je crois, dans les derniers temps, de maison de santé. Je trouve cependant à louer une petite chambre où je rencontre un petit lit de fer.

Grâce aux précautions prises le long de la rivière, nous passons notre temps très-tranquillement. Les maisons ne sont point occupées, parce qu'elles servent de point de mire aux fédérés qui sont continuellement aux aguets, de l'autre côté de la Seine. Aussitôt qu'ils aperçoivent une tête, vite une balle. Ils ont établi sur l'autre rive une batterie qui tire en plein sur les maisons qu'ils croient occupées par les soldats. Mais ceux-ci sont placés dans de grandes tranchées, de sorte que les boulets sont inoffensifs. Cette prudence agace les fédérés. Aussi les entend-on crier de loin : « Montrez-vous donc, tas de lâches ! ayez le courage de sortir ! etc., etc. » Inutile d'ajouter que nos soldats ne tiennent pas du tout à leur servir de cible pour leur plaisir, d'autant plus qu'on ne les aperçoit guère non plus.

Les civils ont eu plus à souffrir dans les derniers temps que nous. Je vois, dans une ambulance particulière, une dame devenue folle de la mort de son mari, tué par un obus ; un de ses enfants a été blessé, mais légèrement.

Enfin, nous quittons Asnières le 21 au matin, et nous arrivons à Rueil vers midi.

TROISIÈME PARTIE

Journées de mai 1871.

De retour d'Asnières, où nous avions passé nos quatre jours aux avant-postes, nous pensions reprendre notre ancien tour de service. Mais, dans l'après-midi, de vagues bruits commencent à circuler. Nous devons partir dans la soirée ou dans la nuit, pour une expédition inconnue. Pourvu que ce ne soit pas encore une illusion comme notre expédition nocturne du 12 au 13 mai.

Les soldats sont fatigués des quatre dernières journées ; on nous donne jusqu'à deux heures du matin pour nous reposer.

Le 22 *mai* 1871, nous quittons donc Rueil à deux heures du matin, ne sachant toujours pas bien exactement où nous allons, et nous passons par Puteaux, pour de là gagner le bois de Boulogne, où nous stationnons jusqu'à sept heures du matin.

La journée est magnifique. Nous apprenons alors

que déjà une partie de l'armée de Versailles est dans les murs de Paris depuis la veille et que nous allons y pénétrer également.

Tout le monde sait comment les troupes de Versailles, appelées par le courageux piqueur, M. Ducatel, avaient pénétré par la porte de Saint-Cloud. Nous arrivons à la porte de Passy ; nous y trouvons les dégâts faits par la batterie de Montretout. Une brèche a déjà été faite; on est en train de combler le fossé. De tous côtés les murs sont criblés par les obus. Nous trouvons encore des obus énormes qui n'ont pas éclaté. Nous passons à côté de la *Muette*, qui avait été formidablement armée par les fédérés et qui avait été enlevée la veille par le corps de Vinoy.

Nous suivons la rue de Passy. Les rues sont jonchées de fusils abandonnés par les fédérés fuyards, ou descendus des maisons par les habitants craignant les perquisitions. La lutte n'a pas été longue dans ces rues, car on en trouve très peu de traces. Nous voyons de magnifiques barricades, artistement construites avec des sacs en terre, de diverses couleurs, qui n'ont fait éprouver aucune résistance à l'armée de Versailles. C'était encore la panique, suite de la surprise. Les dépêches de la Commune démentaient notre entrée jusqu'aux derniers moments, de sorte que lorsque les troupes arrivèrent au pas de course au Trocadéro, dès le matin du lundi 23, le Champ de Mars était encore couvert de ses baraques, remplies de fédérés, et, de cet endroit, on put les canonner dans leurs baraques et les fusiller quand ils les abandonnaient.

Au terrible se mêlait le grotesque. On voyait ces fédérés ahuris, épouvantés, se sauver, les uns sans vestes, les autres en caleçon, leur pantalon en main, en un mot dans les accoutrements les plus disparates.

Quand nous arrivons sur le Trocadéro, la canonnade commence furieuse du côté des Tuileries. On entend la fusillade qui crépite et la canonnade qui tonne avec rage. Nous occupons le Trocadéro et l'avenue Malakoff jusqu'à deux heures de l'après-midi. Sur la place d'Eylau, est une barricade circulaire, armée de fortes pièces de 24. Nous descendons alors au boulevard de Gouvion Saint-Cyr, et nous nous installons sur les remparts, aux bastions 47, 48, 49, 50 et 51. Pendant ce temps, la division Montandon a pris Levallois du côté de la Seine, de sorte que les pauvres communeux sont pris dans un cercle de feu, sans retraite possible. C'est une vraie chasse à l'homme dans Levallois, où l'on fait beaucoup de prisonniers.

Nous couchons dans ces positions.

Le 24 *mai*, nous partons de bonne heure. Notre corps d'armée, général Ladmirault, est chargé d'enlever les buttes Montmartre, qui sont armées de fortes batteries et canonnent au loin dans Paris. On comprend l'importance de la position, et on s'attend bien à ce qu'elle soit vivement défendue. Mais là comme dans toutes les autres parties de Paris, on tourna les barricades quand on le put.

Nous suivons donc les boulevards Berthier et Bessières. Nous commençons à voir les premiers cadavres des fédérés et des soldats de l'armée régulière.

Toutes ces rues sont occupées par une population interlope et l'on n'oserait pas s'y promener à minuit en temps ordinaire. Aussi, nous n'y voyons presque que du sexe féminin, et quel sexe ! Les hommes doivent tous être dans l'armée de la Commune. Là aussi, nous commençons à voir les premières fusillades. Le premier que je vis tomber, était déjà habillé en civil et portait une blouse bleue. Il venait d'être trouvé dans une misérable baraque, au milieu des jardins, par des gardiens de la paix qui le connaissaient sans doute. C'est ainsi, du reste, que l'on procédait. L'armée faisait des arrestations en masses dans les rues qu'elle prenait, puis, venaient les gardiens de la paix, anciens agents de police de l'empire, connaissant parfaitement les quartiers, et fouillant tous les coins. On se rappelle avec quelle rage les fédérés avaient traité les gardiens de la paix, à la révolution du 18 mars et après. Aussi, ne s'étonnera-t-on pas de l'ardeur qu'ils mirent à découvrir les communeux qui avaient fait le coup de feu.

Nous nous engageons dans le chemin de fer de ceinture. Notre régiment est bientôt engagé dans les rues du Poteau, Ordener, des Clanys, etc. En un mot, nous nous dirigeons vers la rue Ramey, la rue de Clignancourt et le boulevard Ornano, de manière à tourner par la gauche pendant qu'un autre corps prend par la droite.

Dans la rue Ordener, est blessé un lieutenant qui reçoit une balle dans la poitrine, sous la clavicule droite. Cette balle va se loger dans l'articulation de l'épaule droite. Je n'essaie pas de la retirer, et je porte un pronostic fatal pour l'issue de cette blessure.

Ce pronostic fut confirmé : quelques jours plus tard, cet officier était mort. Les rues Ramey et Clignancourt étaient très-fortement défendues. Les maisons étaient occupées par les fédérés qui se défendaient avec acharnement. La compagnie des francs-tireurs, commandée par un lieutenant, dont je regrette d'avoir oublié le nom, cherche en vain à remonter la rue Ramey. Aussitôt qu'un homme apparaît, les balles sifflent. On tourne alors par les rues qui y aboutissent, la rue Ordener, je crois, puis on pénètre dans les maisons, que l'on est obligé de prendre une à une. Le lieutenant est mis hors de combat par une blessure grave à la figure. Il est remplacé par le lieutenant Sicker, dont j'ai parlé à propos de la bataille de Villers-Bretonneux. C'est lui qui arrêta Varlin, délégué aux finances de la Commune, et le fit fusiller séance tenante.

Au même moment, était tué également, mon ami et compatriote, le capitaine Magnié, d'une balle au milieu du front, au moment où il marchait le premier en avant de ses soldats.

Parti sergent-major au début de la campagne, il avait conquis tous ses grades par son courage. Fils unique d'honnêtes ouvriers, ouvrier lui-même, son caractère lui avait conquis l'amitié de tous ses camarades, qui le regrettèrent amèrement. Si ces lignes peuvent être une consolation pour ses parents, je serais heureux de fournir ce témoignage de l'affection qui m'unissait à mon cher compatriote.

Je ne puis suivre tous les mouvements des trois bataillons ; je ne puis donc raconter tout ce qu'ils firent, et la marche qu'ils suivirent. Vers une heure, je cherche le troisième bataillon qui avait quitté les autres pour se porter plus à gauche. Je laisse donc le médecin-major pour voir s'il n'y a pas de blessés au troisième bataillon. Je le trouve abrité en partie derrière l'éperon formé par la réunion de la rue de Clignancourt et du boulevard Ornano. Là gisent huit blessés d'une même compagnie qui sont tombés en même temps en traversant la rue de Clignancourt ; une barricade, située en haut de la rue, domine l'endroit où se fait la traversée de la rue Custine. Une autre barricade, armée de canons, coupe le boulevard Ornano, auprès de la rue Myrrha, et domine également la partie du boulevard qui descend vers les remparts. En traversant cet endroit pour aller porter mes soins à ces blessés, j'entendis parfaitement siffler quelques balles derrière ma tête ; mais je marchais vite, et probablement les fédérés n'étaient pas bons chasseurs et ne visaient pas un peu en avant. J'ai remarqué, du reste, que ce grand principe de chasse n'était pas appliqué du tout par ceux qui tiraient sur des hommes en course. Il avait fallu que la compagnie qui avait fourni les blessés dont je viens de parler se fût trop pressée, de sorte que les fédérés avaient tiré dans le tas.

Chez ces huit blessés, toutes les plaies étaient dans les membres inférieurs : l'un avait une fracture des deux os de la jambe gauche ; l'autre l'articulation du pied traversée ; un troisième la cuisse traversée ; les autres avaient des blessures peu sérieuses. Pendant que je les pansais, en présence de l'acharnement que les fédérés mettaient à défendre ces deux barricades, le colonel donna l'ordre de faire des brêches dans les maisons et de les prendre l'une après l'autre. Ce que l'on fit ; après chaque maison prise, on tirait par les fenêtres sur les barricades ; quand on fut arrivé à cinq ou six maisons de celles-ci, les soldats prirent le pas de course et s'emparèrent à l'assaut, et presque en même temps, de ces deux barricades. Ce fut à cette barricade du boulevard Ornano que fut tué le général Dombrowski. Il avait reçu une balle dans le ventre et alla expirer à l'hôpital Lariboisière. Une deuxième barricade restait dans la rue de Clignancourt. Il y eut un moment de désordre inexprimable chez les fédérés. Ils ne savaient où ils en étaient. Ils se tuaient entre eux en se tirant par les fenêtres d'un côté à l'autre. Ce moment fut pour les communeux un moment d'angoisse terrible. Il semblait qu'ils ne trouvaient plus d'issue pour s'échapper. Après avoir reconnu leur erreur, ils cessèrent de tirer et semblèrent vouloir se rendre. Une cantinière s'avança même en parlementaire. Le commandant du premier bataillon les haranguait de dessus la barricade qu'il venait de prendre. Mais les pourparlers cessèrent brusquement par une décharge des fédérés. Le commandant tomba ; il avait la cuisse traversée d'une balle ! On enleva la barricade à l'assaut. On a parlé des représailles de l'armée de Versailles ; c'eût été le cas. On ne fusilla personne. Voici un autre fait qui prouve que, les premiers jours, les soldats de Versailles montrèrent, au contraire, une grande mansuétude.

A l'assaut d'une barricade, un lignard fut reçu par un coup de fusil à bout portant, tiré par un artilleur révolté au 18 mars. La balle traversa la capote du soldat de gauche à droite, en pleine poitrine, sans le blesser. Croyez-vous que le soldat lui passa sa bayonnette à travers le corps ? Non, il se contenta de le faire prisonnier.

Après la prise de la barricade du boulevard Ornano, près la rue Myrrha, nous avions devant nous d'abord une très-forte barricade, placée à la jonction des quatre boulevards Rochechouart, Lachapelle, Magenta et Ornano , puis une autre plus petite au commencement de la rue de la Goutte-d'Or.

La barricade des boulevards était armée de canons. Mais bientôt, nous voyons cette barricade traversée au pas de course par les fédérés chassés du boulevard Rochechouart et des rues voisines par les troupes descendant des Buttes. A ce moment je pus juger encore de la maladresse des coups tirés. De la barricade du boulevard Ornano, que nous occupions, les soldats tiraient à très-bonne portée sur ces fédérés qui traversaient près de la barricade. Je ne vis pas tomber un seul homme.

La barricade de la rue de la Goutte-d'Or tint bien plus longtemps. Les fédérés tiraient assez bien. Mais nous voyions très-bien la fumée du fusil et nous avions le temps de baisser la tête derrière la barricade avant d'entendre la balle siffler au-dessus des pierres ou venir s'aplatir contre celles-ci.

Nous recevions l'ordre de nous borner là vers cinq heures du soir et de nous établir solidement pour la nuit, quand la barricade des quatre boulevards fut enlevée. Alors on fit enlever la barricade de la Goutte-d'Or, afin de régulariser la position pour la nuit. On s'établit au commencement de cette rue dans les maisons du coin et derrière les pierres.

Les fédérés qui occupaient cette barricade se replièrent à l'autre extrémité de la rue, derrière une autre barricade. Ce sont ces mêmes fédérés qui, pendant qu'ils étaient derrière la première barricade, tirèrent sur madame Buisson. Cette dame du pharmacien, qui occupe le coin de la rue des Poissonniers et du boulevard Ornano, traversait la rue pour aller porter ses soins à des blessés dans une ambulance placée en face. Heureusement que les balles furent moins cruelles que ceux qui les envoyaient. Presque tous les appartements du boulevard Ornano avaient été abandonnés par leurs locataires. Je trouvai facilement un bon lit pour la nuit, et j'avoue que, malgré la guerre civile, j'en profitai pour faire une bonne nuit ; ce qui ne m'était pas arrivé depuis longtemps. La nourriture fut moins confortable. Le matin, j'avais déjeuné de deux sardines et de fromage de gruyère ; le soir, je dînai de gruyère et de deux sardines.

Vingt-cinq mai 1872. — Pendant la matinée on enleva les deux barricades placées à la bifurcation de la rue de la Goutte-d'Or avec la rue de Chartres. Les fédérés étaient bien placés ; d'une maison faisant éperon entre ces deux rues, ils dominaient la rue dans tous les sens. Cette maison fut criblée.

Les parties du mur, entourant les fenêtres, étaient noircies par la déflagration de la poudre.

C'est à ce moment qu'on vit un vieillard se détacher de la barricade des fédérés et marcher sur nos soldats. Cet homme marchait péniblement. On en prit pitié et on lui cria de se garer et de ne pas avancer. Il n'en voulut rien faire ; il avançait toujours en faisant des gestes menaçants avec son fusil. On lui lance une balle ; il chancèle légèrement, mais continue sa marche ; on tire un second coup, il tombe. Je le vis quelques minutes après quand la rue fut libre. Je constatai d'abord un séton dans le côté, c'était le premier coup, puis une fracture de la colonne vertébrale. Il était paralysé des extrémités inférieures. C'était un petit vieillard tout cassé et en plein état d'ivresse.

Dans cette matinée, vers onze heures, je me trouvais chez le pharmacien, M. Buisson, quand son officine fut envahie par le général X..., commandant la division qui occupait les rues à notre gauche, et par tout son état-major. Je ne puis m'empêcher ici de rapporter une remarque que je fis malgré moi et qui m'attrista. Ces messieurs les officiers d'état-major étaient ficelés comme à une parade et portaient des gants beurre frais ; l'un d'eux avait un corset. Ils demandèrent au pharmacien de l'eau de mélisse des carmes, l'un pour en mettre quelques gouttes dans un verre d'eau sucrée, l'autre pour s'en frotter les mains. Un troisième demanda de l'eau de Cologne pour en mettre dans son mouchoir.

Après cette scène grotesque, la pharmacie fut le théâtre d'une tragédie.

C'est là qu'on amenait les prisonniers fédérés coupables de faits spécialement plus graves. Les uns avaient tiré par derrière sur les troupes engagées dans une rue, les autres s'étaient rendus ou étaient présumés coupables de traitements cruels sur nos soldats.

Il nous arriva souvent d'entendre siffler des balles lancées de maisons qu'on avait visitées en gros, en ordonnant de livrer tous les fédérés en armes, et les fusils ou autres armes. On fouillait alors la maison d'où partait le coup, et tous les hommes pris soit avec des armes, soit les mains noircies par la poudre étaient saisis. On en amena ainsi plusieurs au général qui les fit fusiller. Dans un autre endroit, on trouva contre une maison trois soldats de la ligne tués, couchés dans la même position, et présentant à peu près les mêmes blessures, ce qui fit penser qu'ils avaient été faits prisonniers par les fédérés et assassinés ensuite. On fouilla la maison, où l'on trouva des gardes nationaux aux mains noircies de poudre. On les condamna sommairement à être fusillés. Les uns mouraient assez bravement, mais la plupart se débattaient et se lamentaient. Ils s'accrochaient après les habits des soldats chargés de les fusiller, de sorte qu'on était quelquefois obligé de leur tirer un coup de fusil à bout portant et de les achever par terre.

Tout à coup un grand bruit se fait dans la pharmacie ; une voix altérée appelle M. Buisson le pharmacien. Le général venait de prononcer ces paroles : « F..... lui une balle dans le ventre. » M. Buisson, qui reconnaît un de ses voisins, accourt, et dit au général : « Je le connais, il ne peut être coupable. — En répondez-vous ? — J'en réponds. — Alors cachez-le dans votre arrière-boutique. » Ce qu'on fut obligé de faire, car les soldats le réclamaient. Nous vîmes alors entrer auprès de nous un monsieur de quarante-cinq ans environ, avec un abdomen proéminent, des lunettes bleues, et tremblant de tous ses membres. Il n'avait pas l'air féroce, mais ressemblait plutôt à un paisible bourgeois. Il était employé dans la Compagnie des omnibus. Voici ce qui s'était passé.

La rue des Poissonniers était occupée depuis la veille par les soldats de la ligne. Comme il faisait beau, les soldats avaient formé les faisceaux et se reposaient sur le trottoir. Les maisons avaient été fouillées, et ordre avait été donné de livrer toutes les armes. Tout à coup un coup de fusil retentit et un sergent de la ligne roule par terre. On comprend la fureur des soldats. On se précipite dans la maison d'où l'on croit que le coup est parti, et on trouve le monsieur susdit avec son fusil dans la même chambre. Naturellement on le saisit, d'autant plus que l'on ne trouve pas d'autre homme dans la maison. On sait le reste.

J'ai connu depuis l'explication du fait. La maison occupée par ce brave homme était dominée par une autre plus élevée, et c'est du haut de cette maison, située plus en arrière, que le coup était parti.

Il fallut que ce pauvre homme, encore tremblant, restât enfermé pour ne pas être de nouveau saisi par les soldats, en fureur d'avoir vu blesser leur sergent, au moment où on ne se battait pas.

Cet événement jeta un froid dans l'état-major installé dans la pharmacie. Le général eut une espèce de remords de ce qu'il faisait, et il finit par dire à des officiers qui lui amenaient de nouveaux prisonniers dont ils demandaient la mort : « Si vous les trouvez en flagrant délit de cruauté, fusillez-les, mais ne me les amenez pas et ne me faites pas passer pour un bourreau. Ayez vous-mêmes le courage de votre opinion. »

Mais détournons les yeux de ces terribles scènes et pleurons tous, Versaillais et communeux, sur ce qui s'est passé dans ces tristes journées. Mais où reposer nos regards ? Partout la guerre, partout la dévastation, partout la mort.

Une batterie tirant de Belleville nous lançait obus sur obus. Ils enfilaient directement la rue de la Goutte-d'Or, de sorte que la traversée de cette rue était très-dangereuse. A un moment donné, on nous amena des prisonniers dans cette rue. En entendant siffler les obus, ils se précipitaient par terre et dans les portes ; on pouvait difficilement les maintenir. En voyant la couardise de ces gens qui avaient encore la figure noire de poudre, je ne pus m'empêcher de leur dire : « Tas de lâches, ne vous baissez donc pas comme cela, ce sont vos frères et amis qui vous envoient leurs cartes de visite ! »

Les Buttes-Montmartre ne cessaient de tonner. Les batteries des fédérés avaient été retournées contre eux ; elles tiraient sur Belleville. Celui-ci fut fouillé dans tous les sens par les obus.

Le soir de cette journée, Paris brûlait aux quatre

coins. La nuit était sombre ; je montai au sixième étage d'une maison, d'où je pus assister à ce spectacle beau dans son horreur. C'étaient les Tuileries, le ministère des Finances et l'Hôtel-de-Ville qui flambaient le long de la Seine ; puis à gauche, la place de la Bastille. En me retournant à droite, la gare des marchandises du chemin de fer du Nord. J'en passe bien d'autres. C'est un spectacle que je n'oublierai jamais de ma vie. L'impression qu'il me fit fut une impression de terreur, et cependant je ne pouvais en détacher mes yeux. En descendant de mon observatoire, j'avais les larmes aux yeux en pensant que les Prussiens devaient admirer ce spectacle, battre des mains comme à une belle représentation, et porter des toasts à la Commune qui faisait ce qu'eux n'avaient pas pu faire.

Pendant cette journée, notre régiment était resté en place, à l'exception d'une compagnie du 3e bataillon, qui, entraînée par d'autres troupes, s'était éloignée de notre centre d'action.

Dans son entraînement, elle avait enlevé une barricade du boulevard Magenta, où une balle vint frapper au front et tua raide le lieutenant Lambert.

Un caporal prit, avec son escouade seule, la gare du Nord, et enleva le drapeau rouge qui la dominait pour le remplacer par le drapeau tricolore.

A partir du 26 mai, notre division resta dans ses positions, qu'elle devait garder jusqu'à la fin de la prise de Paris.

Là donc s'arrêtent mes souvenirs, car le reste a été raconté par des plumes plus savantes et plus éloquentes que la mienne.

Quelques jours après, je rentrais dans ma famille, après une absence de onze mois. Je retrouvai à Nogent les traces de la guerre des Prussiens. Quatre-vingts maisons brûlées, des personnes inoffensives fusillées, la ville bombardée et en partie pillée, tels sont les souvenirs de l'invasion que je retrouvai à mon retour, tout un livre encore à écrire par quelque témoin oculaire et que Nogent attend encore ; car la défense de cette petite ville et ses malheurs ne sont pas assez connus, et cependant ils doivent trouver leur place dans l'histoire de l'invasion. J'espère que, lorsque les Prussiens auront évacué notre département, un compatriote fera cette bonne œuvre et appliquera sur la pourpre impériale de l'Allemagne cette nouvelle tache qu'on appelle Nogent-le-Roi.

TABLE

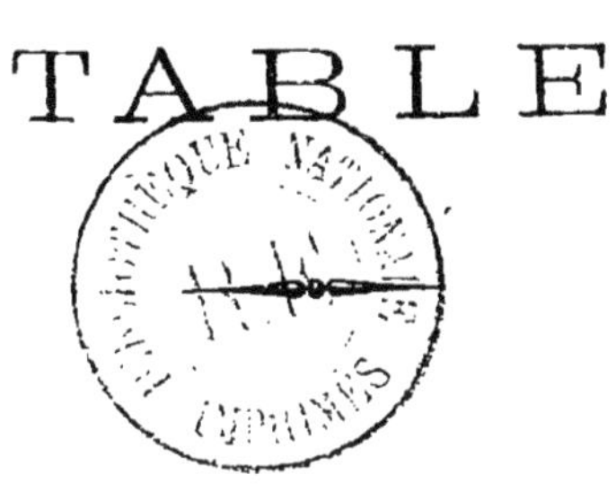

Pages.

CHAUMONT. — TYPOGRAPHIE DE C. CAVANIOL.

www.ingramcontent.com/pod-product-compliance
Ingram Content Group UK Ltd.
Pitfield, Milton Keynes, MK11 3LW, UK
UKHW020558180726
13838UKWH00001B/309

9 782329 020761